A VIDA E A MENSAGEM DE
CHARLES DE FOUCAULD
"Meu Deus, como sois bom"

Andrea Mandonico

A VIDA E A MENSAGEM DE
CHARLES DE FOUCAULD

"Meu Deus, como sois bom"

Prefácio de Mons. Ennio Apeciti

Dados Internacionais de Catalogação na Publicação (CIP)
Angélica Ilacqua CRB-8/7057

Mandonico, Andrea
   A vida e a mensagem de Charles de Foucauld : meu Deus, como sois
bom / Andrea Mandonico ; tradução de Jaime A. Clasen. - São Paulo :
Paulinas, 2022.
   224 p. (Coleção Em busca de Deus)

   Bibliografia
   ISBN 978-65-5808-142-5
   Título original: Mio Dio, como sei buono! La vita e il messaggio
di Charles de Foucauld

   1. Foucauld, Charles de – 1858-1916 - Biografia 2. Santos católicos
3. Vida cristã I. Título II. Clasen, Jaime A. III. Série

22-1279   CDD 922.22

Índice para catálogo sistemático:
1. Foucauld, Charles de – 1858-1916 - Biografia

Título original: Mio Dio, come sei buono:
La vita e il messaggio di Charles de Foucauld
© Libreria Editrice Vaticana

1ª edição – 2022

Direção-geral: Flávia Reginatto
Editora responsável: Marina Mendonça
Tradução: Jaime A. Clasen
Copidesque: Mônica Elaine G. S. da Costa
Coordenação de revisão: Marina Mendonça
Revisão: Ana Cecilia Mari
Gerente de produção: Felício Calegaro Neto
Diagramação: Telma Custódio

Nenhuma parte desta obra poderá ser reproduzida ou transmitida
por qualquer forma e/ou quaisquer meios (eletrônico ou mecânico,
incluindo fotocópia e gravação) ou arquivada em qualquer sistema ou
banco de dados sem permissão escrita da Editora. Direitos reservados.

Paulinas
Rua Dona Inácia Uchoa, 62
04110-020 – São Paulo – SP (Brasil)
Tel.: (11) 2125-3500
http://www.paulinas.com.br – editora@paulinas.com.br
Telemarketing e SAC: 0800-7010081

© Pia Sociedade Filhas de São Paulo – São Paulo, 2022

À Irmãzinha Jane de Jesus († 2019),
que me ensinou o longo e alegre
caminho de fidelidade à vida de Nazaré.

SUMÁRIO

PREFÁCIO..11

CRONOLOGIA..15

INTRODUÇÃO..17

1. ÉPOCA HISTÓRICA DE CHARLES DE FOUCAULD................27
   A Igreja...31

2. PERFIL BIOGRÁFICO..39
   1. Nascimento...39
   2. Adolescente..41
   3. Soldado...42
   4. Explorador..44
   5. Conversão...45
   6. Peregrino na Terra Santa...51
   7. Monge trapista...51
   8. Nazaré...53
   9. Sacerdote..54
   10. Beni Abbes..56
   11. Tamanrasset...62
   12. Morte...65

3. NAZARÉ..67
   As sete características da vida de Nazaré...............................76

4. EUCARISTIA E EVANGELHO..81
   1. A Eucaristia...83
   2. O Evangelho..88

5. VISITAÇÃO...97
   1. Beni Abbes...105
   2. Tamanrasset...108

6. "O JUSTO VIVE DE FÉ" 113

7. "AMOROSA CONTEMPLAÇÃO E
APOSTOLADO FECUNDO" 125

8. IESUS CARITAS 139
   1. TORNA-SE SERVIÇO 143
   2. TORNA-SE BOM EXEMPLO 144
   3. TORNA-SE AMIZADE 146
   4. TORNA-SE INTERCESSÃO 148

9. "PREGAR O EVANGELHO... COM A VIDA" 151

10. "TENDES UM SÓ PAI QUE ESTÁ NOS CÉUS" 161

11. IRMÃO UNIVERSAL 175

12. "A ESPERANÇA DE MORRER PELO SEU NOME" 185

13. "EIS QUE VEM O ESPOSO. IDE A SEU ENCONTRO!" ...191

APÊNDICE I. CAMINHANDO COM A IGREJA E O PAPA
FRANCISCO NAS PEGADAS DE CHARLES DE FOUCAULD,
PARA ABRIR UM NOVO CAMINHO 197
   PREFÁCIO 197
   1. ALGUMAS SUGESTÕES SOBRE A
   "NOVA ETAPA EVANGELIZADORA" 198
   2. EVANGELHO 201
   3. IRMÃO UNIVERSAL 208
   CONCLUSÃO 215

APÊNDICE II. ESCRITOS DE CHARLES DE FOUCAULD ...217

OBRAS E CORRESPONDÊNCIA DE
CHARLES DE FOUCAULD CITADAS NO LIVRO 221
   OBRAS ESPIRITUAIS 221
   CORRESPONDÊNCIA 222

PREFÁCIO

"Assemelhar-se a ti, compartilhar tuas obras, esta é a maior alegria para o coração que te ama. Assemelhar-se, imitar, é uma necessidade violenta do amor; é um dos graus daquela união à qual o amor visa por sua natureza. A semelhança é a medida do amor."

Estas foram as palavras de Irmão Charles que me vieram à mente, quando Pe. Andrea Mandonico me disse que Charles de Foucauld seria proclamado "santo"; ou melhor – para ser preciso –, quando me comunicou a canonização de Irmão Charles.

"Canonizar" é o termo exato para indicar que alguém é proclamado "santo" da Igreja. E isso tem um significado profundo.

O *cânone* é um *modelo*, algo que não muda e que se toma para repetir continuamente; vêm à mente os *cânticos cânones*, nos quais diversas vozes cantam sucessivamente uma mesma estrofe, começando em tempos diferentes, até à conclusão, quando as vozes dos vários coros se fundem em um grandioso e solene final.

Canonizar quer dizer propor alguém como modelo de cristão autêntico. Quer dizer indicar uma pessoa, homem ou mulher, que encarnou na sua vida, com plenitude, o Evangelho, e exatamente por isso pode ser proposta como modelo convincente aos outros irmãos e irmãs, a todos nós.

Por isso, é o Papa quem canoniza, porque ele indica aquele irmão ou aquela irmã como "modelo precioso" de cristão, modelo a imitar, e o faz com a autoridade que lhe vem pelo seu ministério de sucessor de Pedro e de guia da Igreja.

Charles de Foucauld é, portanto, um modelo autêntico de cristão, um exemplo também para mim e para todo aquele que se faz a pergunta: "Como faço para ser santo?". Na Bíblia – penso no capítulo 19 do Levítico –, Deus chama todos a serem santos. Mas como tornar-se santo?

No fundo, todos temos necessidade de modelos: precisa dele o artista para pintar um quadro ou esculpir uma estátua; precisa dele o engenheiro ou o cientista que – ajudado hoje pelos computadores – prepara um "modelo", um "projeto", para verificar sua possibilidade e confiar aos seus colaboradores sua realização; precisa dele o estudante, ao ler as poesias dos grandes poetas ou as novelas dos grandes autores, para aprender a escrever, para ter um modelo de escrita; precisa dele o menino para se tornar homem. Cada um de nós tem seu "herói", alguém a quem, desde pequenos, queríamos imitar. Alguém se torna padre, freira ou missionário porque, normalmente, encontrou um "modelo", um exemplo, um padre, uma irmã ou um missionário, que o marcou, que o provocou e fez nascer em seu coração a pergunta: "Se ele/ela é assim, por que eu também não poderia ser?".

Por este motivo, quando soube que Pe. Charles seria *canonizado*, pensei de novo na frase que escrevi no início deste texto: "Imitar é uma necessidade violenta do amor. A semelhança é a medida do amor".

Vale também para mim. Foi verdadeiro também para mim. Não só com relação ao Senhor Jesus, que Irmão Charles quis "imitar", com quem quis "assemelhar-se" com todas suas forças e todo seu desejo: "Quando se ama, se imita, quando se ama, se olha o Bem-amado e se faz como ele faz; quando se ama, encontra-se muita beleza em todos os atos do Bem-amado, em todos seus gestos e em todos seus passos, em todos seus modos de ser, que se imita, se segue todo, conforma-se em tudo. É uma coisa instintiva, quase necessária".

"Bem-amado" é um termo que hoje quase se tem um pouco de pudor em se pronunciar, ao passo que para Charles de Foucauld foi a exigência de toda sua vida, o desejo que perseguiu com todas suas forças e para o qual esteve pronto a tudo e no qual encontrou tudo.

Para Jesus, esteve pronto a tudo: deixou sua vida agitada, abandonou suas comodidades, seus divertimentos, até seus vícios, porque foi "conquistado" por Cristo. Deixou sua pátria, vagou pela Palestina e pelo deserto da África, vivendo apenas do essencial, porque encontrara tudo em Jesus.

Desde adolescente buscara a alegria, mas não a tinha encontrado. Reli muitas vezes sua reflexão: "Fazia o mal, mas não o aprovava nem o amava. Dava-me uma tristeza profunda, um vazio doloroso, uma tristeza que nunca provara até então... Voltava a mim toda noite, quando me encontrava só no meu apartamento... permanecia mudo e abatido durante o que chamam de 'festas': eu as organizava, mas, chegado o momento, ficava em um mutismo, um desgosto, um aborrecimento infinito... Dava-me aquela inquietação vaga de uma má consciência, adormecida, mas não morta de todo, e isso bastava para me causar mal-estar, que envenenava minha vida...".

Até que encontrou Jesus. Então, tudo mudou. Do tédio ressurgiu o entusiasmo: "Assim que acreditei que havia um Deus, compreendi que não podia fazer outra coisa senão viver só para ele: Deus é tão grande, há uma diferença tão grande entre Deus e tudo o que não é ele...".

Talvez seja também exatamente por isso que amo Charles de Foucauld: porque é alguém que nunca se contentou, que nunca se resignou, que sempre esperou.

Irmão Charles não fez julgamento da sociedade, do mundo do seu tempo, que é tão semelhante ao nosso, semelhante ao tempo de todos os tempos. Irmão Charles preferiu outro modo de enfrentar o presente; escolheu outro programa de vida: "O programa é este: amor, amor, bondade, bondade.

Meu apostolado deve ser o apostolado da bondade. Ao ver--me, deve-se dizer: 'Já que este homem é tão bom, sua religião deve ser boa'. Se alguém se pergunta por que sou bondoso e bom, devo dizer: 'Porque sou o servo daquele que é muito melhor do que eu. Se soubesses como é bom o meu patrão Jesus!'". E teve razão.

Hoje é tão fácil ser lamentoso, pessimista, crítico. Parece que nada, nunca, vai bem. Parece que entre nós, cristãos, o mau humor está mais difundido do que a "paz" e a serenidade que Jesus nos prometeu e veio trazer-nos.

Talvez estejamos aborrecidos e sejamos resmungões porque perdemos – ou nos diminuiu – o entusiasmo, a convicção de poder transformar o mundo e nós mesmos; de tornar bela a vida das pessoas e nossa: "Toda nossa existência, todo nosso ser deve gritar o Evangelho sobre os telhados; toda nossa pessoa deve respirar Jesus; todos nossos atos, toda nossa vida, devem gritar que pertencemos a Jesus, devem apresentar a imagem da vida evangélica; todo nosso ser deve ser uma pregação viva, um reflexo de Jesus, um perfume de Jesus, algo que grite Jesus, que faça ver Jesus, que resplandeça como a imagem de Jesus".

Ele estava convicto disso. Eu também gostaria de estar sempre convicto! Por isso amo Charles de Foucauld.

Mons. Ennio Apeciti
Reitor do Pontifício Seminário Lombardo, em Roma, consultor da Congregação das Causas dos Santos e do Clero, responsável pelo Ofício das Causas dos Santos da arquidiocese de Milão, Cônego Teólogo de Santo Ambrósio

CRONOLOGIA

15 de setembro de 1858	Nasce em Estrasburgo (França)
1864	Órfão: em 13 de março, sua mãe morre; em 9 de agosto, seu pai
30 de outubro de 1876	Entra na escola militar de Saint-Cyr
Março de 1882	Dá baixa do exército
10 de junho de 1883 a 23 de maio de 1884	Expedições em Marrocos
23/30 de outubro de 1886	Conversão
Novembro de 1888 a fevereiro de 1889	Peregrinação à Terra Santa
16 de janeiro de 1890	Entra para a Trapa de Notre-Dame des Neiges, na França
11 de julho de 1890	Entra para a Trapa de Akbes, na Turquia
23 de janeiro de 1897	Deixa a Trapa
10 de março de 1897	Em Nazaré, torna-se eremita doméstico das Clarissas
9 de junho de 1901	É ordenado sacerdote
28 de outubro de 1901	Chega a Beni Abbes (Argélia)
11 de agosto de 1905	Chega a Tamanrasset
1º de dezembro de 1916	Morre em Tamanrasset
13 de novembro de 2005	Beatificação
26 de maio de 2020	Canonização anunciada pelo Papa Francisco

INTRODUÇÃO

Narrar a história de um santo significa também descrever o tempo e a sociedade em que viveu, acompanhá-lo em seu itinerário histórico, descobrir os traços de seu amor por Cristo e pelos irmãos, procurando identificar não apenas sua meta como também seu coração. Pareço encontrar o coração do caminho de santidade de Charles de Foucauld – e, portanto, a possibilidade de compreender toda sua vida – no momento decisivo de sua conversão, ocorrida no final de outubro de 1886. Ao escrever a um amigo, diria: "Perdi o coração por este Jesus de Nazaré crucificado há 1900 anos e passo minha vida buscando imitá-lo na medida da minha fraqueza". Uma imitação que se concentra no mistério de Nazaré. Deus o chamara a imitar Jesus na sua vida oculta, "abraçando a existência humilde e obscura do divino operário de Nazaré". Dessa imitação vem tudo aquilo que "explica" a vida de Irmão Charles. Apaixonado por Jesus, conhece-o na frequentação diária do Evangelho e plasma seu ser na celebração e na adoração eucarística, para depois se tornar caridade/fraternidade para com todos os irmãos, "sem distinção nem exceção", sejam eles cristãos, judeus, muçulmanos, ateus, bons ou maus. Uma evangelização que nasce da contemplação do mistério da Encarnação e encontra no mistério da Visitação a modalidade prática própria de Irmão Charles. Ele escreve:

> Toda nossa vida [...] deve ser uma pregação do Evangelho mediante o exemplo; toda nossa existência, todo nosso ser deve gritar o Evangelho sobre os telhados; toda nossa pessoa deve respirar Jesus; todos nossos atos, toda

nossa vida, devem gritar que pertencemos a Jesus; devem apresentar a imagem da vida evangélica; todo nosso ser deve ser uma pregação viva, um reflexo de Jesus, um perfume de Jesus, algo que grite Jesus, que faça ver Jesus, que resplandeça como a imagem de Jesus.[1]

Um dos motivos que me levaram a escrever esta breve biografia de Charles de Foucauld foi a beatificação dos mártires de Argélia, ocorrida em 8 de dezembro de 2018. Ao ler o belo livro publicado pela Libreria Editrice Vaticana sobre a vida e a mensagem dos bem-aventurados mártires de Tibhirine,[2] descobri, mais uma vez, que a raiz da espiritualidade e do testemunho deles, até o martírio, encontra-se exatamente em Charles de Foucauld. Como ele, acompanharam o povo argelino e viveram ali momentos dificílimos, sabendo que isso poderia exigir-lhes doar a própria vida. Quiseram compartilhar o destino do povo argelino acontecesse o que acontecesse, servindo a ele na oração e na caridade até a morte. "Certamente, os testemunhos deles estão misteriosamente ligados ao amor pelo povo argelino, há oitenta anos de distância."[3] Ademais, há uma afinidade espiritual surpreendente. Basta percorrer as páginas deste livro e descobrir que o Irmão Célestin encontrou na Fraternidade Sacerdotal Jesus Cáritas um apoio a seu ministério;[4] que "o Irmão Bruno é o homem da vida oculta em Nazaré";[5] que o Irmão Christian de Chergé, prior de Tibhirine, não só iniciou seu testamento – "obra de arte da literatura religiosa contemporânea" – em 1º de dezembro de 1993, aniversário da morte de Charles de

---

[1] C. de FOUCAULD, *La bonté de Dieu*, p. 285.
[2] T. GEORGEON; F. VAYNE. *Semplicemente cristiani*. Città del Vaticano: Libreria Editrice Vaticana, 2018.
[3] Ibid., p. 94.
[4] Ibid., p. 51.
[5] Ibid., p. 139.

Foucauld, como também, como ele, amava a "espiritualidade de Nazaré" e "estava convencido de que, para entender os muçulmanos, é preciso imergir com humildade entre eles, saindo do frente a frente para estar lado a lado, na veneração do Deus único, mediante os meios da amizade e da oração".[6]

Um segundo motivo foi a leitura da exortação do Papa Francisco *Gaudete et exultate*. Trata-se de um convite à santidade, meta elevada e última de toda vida cristã. A vida e a santidade de Charles de Foucauld podem ser lidas com transparência e, de fato, há ali muitas páginas em que podemos encontrá-lo. Já no n. 1, onde o Papa Francisco afirma que: "O Senhor pede tudo e, em troca, oferece a vida verdadeira, a felicidade para a qual fomos criados. Quer-nos santos e espera que não nos resignemos com uma vida medíocre, superficial e indecisa", podemos rastrear toda a vida de Irmão Charles.

No n. 14, o Papa parece fazer uma síntese da vida de Nazaré, quando escreve: "Muitas vezes somos tentados a pensar que a santidade esteja reservada apenas àqueles que têm possibilidade de se afastar das ocupações comuns para dedicar muito tempo à oração. Não é assim. Todos somos chamados a ser santos, vivendo com amor e oferecendo o próprio testemunho nas ocupações de cada dia, em que cada um se encontra".

No n. 16, ele nos convida a estar atentos aos "pequenos gestos", enquanto, nos n. 143-146, aos "tantos pequenos detalhes diários". Como não pensar em Irmão Charles, em sua vida em Tamanrasset, quando dizia:

> Sejamos infinitamente delicados em nossa caridade; não nos limitemos aos grandes serviços, mas tenhamos a terna delicadeza que desce aos detalhes e sabe, com coisas mínimas, pôr tanto bálsamo nos corações.

---

[6] Ibid., p. 53; 93, 148.

[...] Desçamos também nós, com aqueles que nos são próximos, aos pequenos detalhes da saúde, da consolação, das orações, das necessidades. Consolemos, confortemos com as mais minuciosas atenções; tenhamos para com aqueles que Deus coloca ao nosso lado aquelas atenções ternas, delicadas, pequenas que os irmãos muito afetuosos teriam entre eles, que as mães muito afetuosas teriam para com os seus filhos, com o fim de consolar enquanto possível todos aqueles que nos cercam e ser para eles um motivo de consolo e um bálsamo, assim como Nosso Senhor sempre foi para todos aqueles que se aproximavam dele.[7]

Além disso, no n. 17, o Papa Francisco nos torna atentos ao Senhor, que "nos convida a novas conversões". "Viver só para ele" levou Charles de Foucauld a uma "vida vária e atormentada, quase vagabunda" pelas estradas da Europa, do Oriente Médio e, enfim, do Saara. Quantas vezes, nos momentos cruciais, ele teve de escolher de novo Deus e colocá-lo novamente em primeiro lugar, por meio de contínuas e novas conversões que permitiam que a graça se manifestasse melhor na sua existência e na missão que Deus lhe confiara, para reproduzir na sua vida um aspecto do Evangelho (cf. n. 20).

Sempre segundo o Papa Francisco, o caminho da santidade é o caminho das bem-aventuranças. E Charles de Foucauld soube fazer transparecer no dia a dia da sua vida as bem-aventuranças, nas quais se delineia mais uma vez o rosto do Mestre (cf. n. 63). O Papa escreve que "é necessário conhecê-las bem para imitar o Senhor, porque elas são um espelho no qual ele se reflete".

---

[7] C. DE FOUCAULD, *La bonté de Deu*, p. 124-125.

Papa Francisco nos faz intuir que as bem-aventuranças têm plena realização em Mateus 25,35-36: "Tive fome e me deste de comer, tive sede e me deste de beber, era estrangeiro e me acolheste, estava nu e me vestistes, doente e me visitastes, no cárcere e viestes a mim". "Quando, Senhor?" "Amém, eu vos digo: toda vez que fizestes isso a um desses meus irmãos menores, a mim o fizestes" (Mt 25,40). Irmão Charles testemunha:

> Creio que não haja palavra do Evangelho que tenha causado impressão mais profunda em mim, e mais transformado a minha vida, do que esta: "Tudo o que fizestes a um destes pequeninos, foi a mim que fizestes". Quando se pensa que estas palavras são as palavras da Verdade incriada, as palavras da boca que disse: "Isto é o meu corpo... isto é o meu sangue", com que força somos levados a buscar e amar Jesus nestes pequenos, nestes pobres".[8]

Esses pequenos, esses pobres, ele encontrou no Saara, onde quis ir como sacerdote para ser, com Jesus e como Jesus, salvador. Salvador não com grandes obras, mas com uma vida cristã heroica e com sua humilde presença, fazendo a todos os que encontrou todo o bem possível, como fez Jesus em Nazaré, sem fazer barulho, sem pôr-se à mostra, mas "silenciosamente, secretamente; [...] pobremente, laboriosamente, humildemente, docemente, com bondade como ele".

É uma salvação que passa pela intercessão e pela súplica por esses irmãos "aos quais falta tudo, porque lhes falta Jesus", mediante o apostolado da bondade, da amizade cordial e fraterna, sendo gentis e humildes com todos, e

---

[8] J.-F. Six, *L'Aventure*, p. 210.

especialmente com uma vida doada em um amor sem limites para cada pessoa, sem exclusões, sem fronteiras, entrevendo em todos o rosto do Pai, "porque em cada irmão, especialmente no mais pequeno, frágil, indefeso e necessitado, está presente a própria imagem de Deus" (n. 61).

Um amor infinito que experimentou sobretudo nos três anos em Nazaré, onde no convento das Clarissas viveu "enterrado na vida de Nazaré como aí se enterrou [o próprio Jesus] por 30 anos"; onde cada dia buscou ser pequeno e pobre como era Jesus, nas longas horas de adoração, na prolongada leitura do Evangelho, "para ter sempre na mente os atos, as palavras, os pensamentos de Jesus, a fim de pensar, falar, agir como Jesus, seguir os exemplos e os ensinamentos de Jesus", até ser transformado em Evangelho vivo.

E é precisamente entre esses irmãos mais pobres que o Senhor nos chama a ser verdadeiros discípulos do nosso Santo. A Igreja deve hoje continuar a missão de colocar os últimos no centro da sua vida, exatamente porque esta foi a escolha do Filho de Deus que se fez carne: ser o último, o servo de todos, colocando-se no último lugar, reconhecendo-se entre os pobres e compartilhando sua humilde vida. E viver assim não de má vontade, mas "estimando infinitamente [esses] nossos irmãos mais pequenos, os mais humildes, os mais rústicos; honrando-os como os preferidos de Jesus".

Também a nós, como nos ensinou Charles de Foucauld, não é pedido que façamos grandes obras nem usemos grandes instrumentos, mas simplesmente que contemplemos,

> sobretudo com amor [...] sem interrupção, o Bem-amado Jesus durante seu trabalho cotidiano, vigiando de noite, na adoração da divina hóstia e na oração, dando sempre ao espiritual o primeiríssimo lugar, imitando Jesus em Nazaré, no seu amor imenso por Deus. Fazendo correr,

brilhar esse grande amor de Deus e de Jesus sobre todos os homens "pelos quais Cristo morreu", "resgatados a preço caro", "amando-os como ele os amou".[9]

Um terceiro motivo. O fascínio que nosso Santo exerce ainda hoje na Igreja e fora dela, a meu ver, se dá por ele ter reproposto uma volta pura ao Evangelho. Irmão Charles não nos ofereceu uma espiritualidade nova, mas nos fez descobrir hoje, como São Francisco no seu tempo, que ser cristão significa pertencer a Jesus Cristo e viver do seu Evangelho. Seu esforço para traduzir o Evangelho para o tuaregue e falar a língua desse povo não lhe é uma originalidade própria: todos os missionários o fizeram e fazem. Sua característica é exatamente esse apego ao Evangelho e, por meio deste, ter o olhar fixo em Jesus, o "Modelo único", "o Irmão e Senhor bem-amado", o "verdadeiro Santo". Ele, Jesus, é o centro da nossa vida. Foucauld escreve:

> Olhemos os santos, mas não fiquemos na sua contemplação: contemplemos com eles Aquele cuja contemplação encheu a vida deles. Aproveitemo-nos dos seus exemplos, mas sem ficarmos muito tempo parados nem tomarmos por modelo completo este ou aquele santo, mas tomando de cada um aquilo que nos parece mais conforme com as palavras e os exemplos de Nosso Senhor Jesus, nosso único e verdadeiro modelo, servindo-nos, assim, das suas lições não para imitá-los, mas para melhor imitar Jesus.[10]

Quando Jesus deixa os seus, que formou com seu ensinamento e testemunho, não lhes deixa os evangelhos. Ele era

---

[9] C. DE FOUCAULD, *Carnet de Beni Abbés*, p. 104.
[10] C. DE FOUCAULD, *Opere spirituali*, p. 13.

o Evangelho; os apóstolos – e com eles todos os discípulos –, em Pentecostes, se tornam, por sua vez, segundo a graça recebida, evangelhos vivos. O Evangelho, para Charles de Foucauld, não é acima de tudo um documento escrito, mas uma "Boa Notícia" a ser proclamada com a própria vida nas relações diárias e em toda ocasião. O tesouro que recebeu e que quer compartilhar com todos é um testemunho, um "fogo" a acender no seguimento de Jesus. E o fará com um zelo exemplar, que leva em conta também o martírio.

Uma última observação antes de concluir esta breve introdução. Minha intenção não foi dar lições sobre Irmão Charles, mas antes tocar e refletir sobre os pontos salientes da sua espiritualidade e da sua pastoral, pois delas nascem e nelas se encontram sua fonte, deixando, o quanto possível, os textos falarem.

Ele exprimia assim essa estreita relação entre espiritualidade e pastoral:

> Desde o primeiro momento em que se ama, imita-se e contempla-se. A imitação e a contemplação fazem necessária e naturalmente parte do amor, porque o amor tende à união, à transformação do ser que ama no ser amado; e a imitação é a união, a unificação de um ser com outro mediante a semelhança; a contemplação é a união de um ser com outro mediante o conhecimento e a visão... Imitamos, portanto, Jesus por amor, atuamos em toda circunstância por amor de Jesus...[11]

Só alguém enamorado pode utilizar esta linguagem mística, à qual hoje não estamos mais habituados, mas que devemos simplesmente acolher, se quisermos entender o ânimo profundo não só de Charles de Foucauld como também

---

[11] C. DE FOUCAULD, *La bonté de Dieu*, p. 217.

de todos os santos. Estou sempre mais convencido disto: o imenso desejo de evangelização de Irmão Charles brota de uma verdadeira santidade de vida.

Gostaria de terminar com outra imagem do Papa Francisco, que, no *Ângelus* de 1º de novembro de 2017, assim se dirigiu aos fiéis reunidos na Praça de São Pedro:

> Os santos não são modelos perfeitos, mas pessoas atravessadas por Deus. Podemos compará-los com os vitrais das igrejas, que fazem entrar a luz em diferentes tonalidades de cor. Os santos são nossos irmãos e irmãs que acolheram a luz de Deus no seu coração e a transmitiram ao mundo, cada qual segundo a própria "tonalidade". Mas todos foram transparentes, lutaram para tirar as manchas e a escuridão do pecado, para fazer passar a luz amável de Deus. Esta é a finalidade da vida, fazer passar a luz de Deus, e também a finalidade da nossa vida.

Em 17 de janeiro de 1917, Mons. Bonnet, bispo de Viviers e então bispo de Irmão Charles, que tinha sido incardinado em sua diocese, escreve à irmã dele para lhe dar condolências:

> Na minha longa vida conheci poucas almas mais amantes, mais delicadas, mais generosas e mais ardentes que a dele, e raramente me aproximei de almas mais santas. Deus o tinha penetrado de tal maneira que todo seu ser transbordava em efusões de luz e de caridade.[12]

---

[12] R. Bazin, *Charles de Foucauld*, p. 467.

1

ÉPOCA HISTÓRICA DE CHARLES DE FOUCAULD

Os faróis que a mão de Deus acendeu
no início do século atômico chamam-se
Teresa de Lisieux, Charles de Foucauld,
os Irmãozinhos e as Irmãzinhas...
(Card. Y. M. Congar)

Um homem – e sua vida – é muito mais apreciado quando se conhece o contexto no qual viveu. Por este motivo, empenhados em colher "a experiência de Nazaré" de Charles de Foucauld, que nos dispomos a descrever, estamos convencidos de que, para compreender sua grandeza humana e experiência espiritual, devemos conhecer o tempo e a história do século no qual viveu.[1]

O século XIX, no seu conjunto, aparece como um século preso entre guerras e revoluções: primeiro a francesa (1789-1799), depois uma guerra que, pela primeira vez, teve uma dimensão mundial (1914-1918) e uma revolução, a russa (1917), que mudaria o aspecto político não só da Rússia como também do mundo.

---

[1] Para este capítulo, ver Andrea MANDONICO, Nazaret. *Un luogo, un simbolo, un'esperienza nella spiritualità di Charles de Foucauld (1858-1916)*. Tese de doutorado, Pontifícia Universidade Gregoriana, 2000, p. 13-27.

Todos esses acontecimentos, com sua carga de ideais e de novas situações políticas e sociais, precisam de amadurecimento e ajustamento nos vários países. Fixando o olhar na Europa, é impressionante como todos esses acontecimentos não impediram o desenvolvimento industrial nem a expansão colonial, que, exatamente nesse século, atinge seu desenvolvimento máximo.

Do ponto de vista eclesial, o século XIX é influenciado por dois fatores: o poder temporal dos papas e a crise desse poder até seu desaparecimento. Também na vida espiritual não há grandes figuras de místicos, tampouco correntes verdadeiras de mística; é um século de devoções. Mas é também um século que vê o reflorescimento das antigas ordens suprimidas pela revolução francesa, o nascimento de novos institutos religiosos, mais atentos à realidade do povo de Deus no qual estão imersos, e uma fileira de sacerdotes que, embora lhes falte uma formação adequada, sabem exprimir generosidade e caridade admiráveis: é o século de João Maria Vianney, o santo cura d'Ars (1786-1859), e do bem-aventurado A. Chevrier (1826-1879); dos santos sacerdotes turinenses: P. B. Lanteri (1759-1830), J. Cafasso (1811-1860), J. Allamano (1851-1929) e J. Bosco (1815-1888); bem como de L. Guanella (1842-1915), de A. Rosmini (1797-1855), de H. Huvelin (1838-1910) e do Card. J. H. Newman (1801-1890), para citar os mais conhecidos.

Politicamente a França, por volta de 1815, conta com cerca de 30 milhões de habitantes. Destes, quase todos são batizados, mas poucos frequentam a igreja; além disso, carregam uma profunda ignorância religiosa. Os protestantes são cerca de 500 mil e os israelitas, cerca de 60 mil. A França também tem de enfrentar o problema da reconstrução religiosa: muitas dioceses estão sem bispos há anos e diversas paróquias, sem pároco. A revolução deixa marcas profundas tanto no povo como na *élite* cultural burguesa; em muitas dioceses, o povo se afasta da fé e os ambientes culturais estão imbuídos de forte anticlericalismo. Restam também grupos e fiéis muito próximos da Igreja e sinceramente abertos ao problema religioso, mas a situação se apresenta muito complexa e polarizada em torno de duas almas: uma católica e outra anticlerical. Esse anticlericalismo, empenhado na difusão da imprensa contrária à religião e à Igreja, tem muitos seguidores também no povo, contribuindo para a diminuição da prática religiosa e gerando em muitos uma profunda crise de fé.

Aparentemente, a República francesa, com o golpe de Estado de Napoleão III, em 1852, voltou a ser um império hereditário e seguiu novos caminhos difíceis, porque o império de Napoleão III será constelado por toda uma série de guerras: Guerra da Crimeia (1854-1855) e Guerra da Itália (1859), as expedições da Síria, da China (1860), do México (1861-1867) e a guerra contra a Prússia (1870), que custará o trono ao imperador, com a consequente proclamação da III República. Proclamada em 4 de setembro de 1870, ela deve, durante os primeiros meses (março-maio de 1871), enfrentar a insurreição da comuna de Paris, onde ocorre o fuzilamento do arcebispo Darboy, com outros 62 reféns, o cumprimento do Tratado de Frankfurt (10 de maio de 1871), com a consequente perda da Alsácia e da Lorena, e o pagamento, em três anos, de 5 bilhões de francos.

Em um primeiro momento, a cena política é dominada por forças conservadoras, substituídas às vezes um pouco pelas forças liberais anticlericais, que lançam uma ofensiva contra o catolicismo, a qual atinge principalmente a escola e as congregações religiosas. Um dos motivos dessa ofensiva está na oposição do clero. De fato, ele permanece preso demais à lembrança dos tempos anteriores à revolução; o catolicismo se torna, então, sinônimo de monarquia e a Igreja católica aparece como uma potência estranha e inimiga. Essa mentalidade produz profundas divisões entre os católicos franceses, entre intransigentes e liberais. Tal divisão, na verdade, não diz respeito apenas à Igreja como também atinge toda a sociedade francesa. Um exemplo clássico, que mostra como são profundas na França essas fraturas e divisões, é a permanência do *affaire Dreyfus*, com toda a passionalidade, tipicamente francesa, que suscita. A *caso Dreyfus*, porém, é também a ocasião que permite uma transformação da política francesa, uma nova redefinição dos partidos políticos e a consolidação dos radicais e dos socialistas, que governarão a França de 1900 a 1914, ano em que se iniciou a Primeira Guerra Mundial. Dentro desses governos radicais e socialistas, o anticlericalismo vai aumentando de proporção e assim se chega, gradualmente, à ruptura das relações diplomáticas com a Santa Sé e à lei de separação entre Igreja e Estado, de 9 de dezembro de 1905.

Além desse estado de coisas, a situação política descrita acima tem de enfrentar também a Revolução Industrial, o abandono da zona rural, com a rápida urbanização como consequência, e uma extraordinária rapidez de desenvolvimento, de mudança dos meios de produção e das relações sociais. Contudo, deve lidar ainda com a terrível condição de exploração e miséria crônica do proletariado.

A política externa dos estados europeus, que se caracterizou pela continuação da expansão colonial presente já nos séculos precedentes, encontra agora novo dinamismo. Os estados europeus precisam de colônias: é nesse período que a África – para nos limitarmos a ela –, um continente de vinte e oito milhões de quilômetros quadrados, é dividida, conquistada e efetivamente ocupada pelas nações industriais da Europa. A expressão mais clamorosa dessa mentalidade é o Congresso de Berlim, de 1885, durante o qual a África é "dividida", enquanto para os outros continentes se decidem "esferas de influência".

A epopeia francesa iniciou-se em 1830, com a ocupação da Argélia, depois do Senegal e da Tunísia (1881), prosseguida na Indochina (1883), na África central e equatorial (1880-1914), em Madagascar (1895) e em Marrocos (1904). Sem esquecer que, quando começa a época do colonialismo, a França já possui territórios ultramarinos (Martinica). O ministro Ferry faz da Tunísia um protetorado francês e desenvolve a presença francesa na Ásia. Um exemplo que toca de perto a Itália: a Argélia se torna um "prolongamento da França" e passa a depender diretamente do Ministério do Interior. Por isso, Ferry transforma os 3.800.000 magrebinos muçulmanos em "nationaux français sans droits civiques" e governa a Argélia como se fosse uma província francesa, convidando seus cidadãos a se estabelecerem ali como colonos. Dividida em três províncias, tem direito a 6 deputados e 3 senadores, eleitos só pelos cidadãos franceses. Os territórios do Saara têm um comandante militar. No início da Primeira Guerra Mundial, a França é o segundo império colonial, com onze milhões de quilômetros quadrados e 48 milhões de habitantes.

A IGREJA

Dentro do catolicismo, podemos destacar a tendência da Igreja a "certo espírito defensivo", a um recolhimento sobre si mesma. Ela sente-se atacada e combatida no seu poder temporal e, por outro lado, vê seus fiéis dominados por ideologias contrárias a sua doutrina. Sente-se, portanto, levada a criar ambientes nos quais possa testemunhar sua doutrina espiritual como a única verdadeira e benéfica. Nesse clima eclesial se compreende a proclamação solene do dogma da infalibilidade papal por parte do Concílio Vaticano I (1870). A Igreja é ajudada nisto pelo Romantismo, que aparece no início do século como elemento dinâmico de retomada. Pelo menos em um primeiro momento, ela julga que o melhor modo para fazer acolher e viver a verdade espiritual cristã seja restaurar a ordem social antiga: magnifica os usos tradicionais prescrevendo sua observância, exalta o apego ao contexto religioso agrícola, sanciona que sua teologia espiritual está acima de qualquer relatividade cultural, orienta os fiéis a praticar de maneira inalterável os sagrados princípios ascéticos.

É por isso que ressurgem algumas devoções, como o culto ao Sagrado Coração de Jesus, a devoção eucarística e, ligados a ela, os primeiros congressos eucarísticos internacionais, o culto ao Menino Jesus, a devoção a Virgem. Não esqueçamos que nesse século se dá a proclamação do dogma da Imaculada Conceição (1854) e as aparições de Nossa Senhora na Rue de Bac, em Paris (1830), em La Salette (1846) e em Lourdes (1858). Além disso, a renovada atenção à cristologia é estimulada pela renovação litúrgica e pela piedade eucarística, incrementada pelos decretos de Pio X sobre a comunhão diária (1905) e sobre a comunhão para as crianças (1910). Permanece, porém, uma espiritualidade cristológica mais centrada na cruz que na ressurreição, de modo a gerar uma espiritualidade de reparação – não apenas dos pecados individuais como também dos "sociais" – e de vitimização. Também Charles de Foucauld participará dessa espiritualidade. Entre as muitas páginas que escreverá, citamos uma passagem da breve meditação sobre João 1,36:

> Somos como vós, "vítimas para a redenção de muitos", unindo para a santificação dos homens as nossas orações às vossas, os nossos sofrimentos aos vossos, entrando profundamente no vosso exemplo na mortificação, para ajudar-vos eficazmente na vossa obra de redenção, pois o sofrimento é a condição *sine qua non*

para fazer o bem ao próximo: "Se o grão de trigo não morrer, não dá nada"...[2]

Para o cristão do século XIX, a devoção ao Sagrado Coração é um convite a imitar Cristo, a segui-lo, a conformar-se a ele e a viver com ele e como ele; a missa renova misticamente o sacrifício feito por Jesus Cristo, ao morrer na cruz pela reconciliação da humanidade inteira com Deus; na comunhão eucarística se realiza a participação mais perfeita nesse único, supremo e irrepetível ato sacrifical, "ao se receber" Jesus mesmo sob as espécies eucarísticas, isto é, assimilando-se a ele e a seu ato de amor. Ato de amor que continua depois no serviço aos pobres: quando se serve os pobres é como se se servisse o próprio Jesus Cristo, pois eles "são um reflexo dele". Charles de Foucauld confessa em uma carta a Louis Massignon:

> [...] não creio que haja palavra no Evangelho que tenha causado impressão mais profunda sobre mim e transformado mais a minha vida do que esta: "Tudo o que fizestes a um desses pequeninos, fizestes a mim". Ao se pensar que estas palavras são da Verdade incriada, palavras da boca que disse "isto é o meu corpo... isto é o meu sangue", com que força se é levado a buscar e amar Jesus nesses pequenos, nesses pecadores, nesses pobres, utilizando todos os meios materiais para o alívio das misérias temporais...[3]

Em resposta à Revolução Industrial, por volta do final do século XIX, é publicado um documento muito importante da Igreja, a *Rerum novarum*, de Leão XIII, no qual se tem uma maior atenção às condições de exploração e à miséria da

---

[2] C. DE FOUCAULD, *L'imitation*, p. 145.
[3] J.-F. SIX, *L'Aventure*, p. 210.

classe operária industrial e agrícola, quase uma espécie de encarnação da Igreja e, mais especificamente, dos católicos nos problemas sociais da história do tempo. Ao viver mais perto da "questão operária", o catolicismo tenta oferecer uma imagem mais fiel de Cristo: Verbo encarnado, homem entre os homens, que viveu a história humana com tudo o que ela comporta; a espiritualidade assume, portanto, uma dimensão de encarnação e um caráter cristocêntrico, no qual o primado vai para a caridade.

No seu interior, a Igreja, depois do drama das supressões no período da Revolução, vê não só renascerem as antigas ordens religiosas como também o florescimento de novas formas de vida consagrada, que se apresentam como resposta às exigências do tempo e da nova sociedade que lentamente está nascendo e cujo número supera em muito o de qualquer época histórica. Paradoxalmente, como sempre, quando a Igreja é perseguida, ela renasce vivendo um forte despertar religioso, marcado por diversos fatores: o aumento das vocações sacerdotais (durante o império de Napoleão, a cifra anual das ordenações sacerdotais, que não superou as 600 unidades, em 1829 alcança a cifra de 2.357 unidades); a reconstituição das ordens religiosas (as religiosas, depois do Estatuto de 1825, que facilitava seu reconhecimento, passam de 12.500 para 25 mil); os jesuítas também são reconstituídos; em 1833, por interesse de dom Guéranger, os beneditinos voltam a Solesmes; em 1841, os dominicanos são readmitidos. A renovação do corpo episcopal consegue bons bispos; as missões populares são intensificadas; retomam-se a vida nas paróquias e as obras para a educação de jovens.

As congregações nascentes sentem de modo particular o compromisso com o apostolado em todos os campos sociais; a orientação principalmente apostólica se especifica em obras de ensino, de educação da juventude, de assistência aos pobres e aos deserdados, de serviço social aos órfãos, aos inválidos, aos velhos, aos doentes mentais. O século é abundante em santos e santas fundadores, os quais, tocados por uma necessidade grave da sociedade do seu tempo e sob a ação da graça, criam, entre mil dificuldades, instituições e obras que dão testemunho de como o amor de Cristo é inseparável do amor aos irmãos.

Ao lado do florescimento da vida religiosa e sacerdotal, assiste-se ao surgimento de uma consciência laical, quase inexistente antes, e a uma presença sempre mais ativa do leigo na vida da Igreja. Esse despertar do laicato desenvolverá também um modo novo de conceber e viver a vida espiritual, caracterizada principalmente pela ação social e mais imersa na vivência do povo cristão (para dar apenas um exemplo, pensemos na obra extremamente preciosa de Frederico Ozanam).

Nesse clima, também Charles de Foucauld pensa, para sua obra missionária, em ajudantes leigos que, com seu exemplo, poderiam favorecer a expansão da Igreja como nos primeiros tempos do cristianismo; não grandes grupos, mas pequenos grupos de tipo familiar. Ele também é conquistado por uma ideia:

> [...] uma espécie de ordem terceira que tenha entre suas finalidades a conversão dos infiéis; [essa inspiração] me veio em setembro passado, durante o retiro. Voltou-me à mente muitas vezes depois, junto com a consideração de que, para os povos cristãos, se trata de um precioso dever – e não apenas de uma obra de zelo simplesmente recomendada – trabalhar ativamente na conversão dos infiéis e, sobretudo, em suas colônias. Parece-me que seria o caso de mostrar esse dever às almas que não parecem se dar conta disso e incentivá-las a realizá-lo.[4]

---

[4] C. DE FOUCAULD, *XXV lettres inédites à l'abbé Caron*, p. 51-68.

Isso nos introduz em uma outra característica da Igreja do século XIX: é uma Igreja missionária. Os cristãos do século XIX são muito sensíveis à evangelização dos povos não cristãos. Com a chegada do colonialismo, a Igreja também percebe a necessidade de se expandir fora da Europa para anunciar o Evangelho; situação favorecida por aqueles mesmos elementos que estavam determinando a conclusão dos impérios coloniais da África e da Ásia. Pensemos na Obra da Propagação da Fé, que será tomada segundo o modelo de outras associações semelhantes nos países europeus e que nasce em Lião, em 1822, graças a Pauline Jaricot.

Nessa obra missionária, a França conservará sempre o primeiro lugar tanto pelo número de missionários como pelos meios empregados. Essa expansão levará ao nascimento de muitas congregações missionárias.[5] Como exemplo dessa Igreja missionária, tomemos Irmão Charles. No momento em que ele desembarca na Argélia, em setembro de 1901, o ex--vicariato apostólico do Saara-Sudão acabava de ser dividido em duas circunscrições: o Sudão, governado por Mons. Bazin, e, mais ao norte, a prefeitura apostólica do Saara, confiada a Mons. Charles Guérin, um jovem padre branco de 29 anos que será, portanto, o superior direto de Charles de Foucauld. Como dizíamos, é uma zona administrada pelo exército, quase totalmente desprovida de civis cristãos – em 1910, há uma dúzia –, e é um território no qual se é difícil trabalhar. Depois de ter fechado El Abiodh, em 1902, os padres brancos mantêm aí três estações: Ghardaia, sede da prefeitura, Uargla e El Golea. Em dezembro de 1904 sobrevém a

---

[5] Por exemplo, os Maristas (1817), os Padres do Sagrado Coração (1832), o Instituto dos Padres do Espírito Santo (1848), a Sociedade das Missões Africanas (1856), os Padres Brancos (1868), os Oblatos de São Francisco de Sales (1871) etc. Cf. J. Daoust, France. In: *DIP*, IV, p. 565-572.

proibição de se criarem novas bases no Saara. Se no início se compartilha a mentalidade atual que vê a expansão colonial como obra providencial para fazer avançar a civilização e o anúncio evangélico nas terras conquistadas,[6] em um segundo momento tentou-se abandonar essa ideia; os missionários se esforçam com todas as suas energias por estudar os costumes, conhecer as tradições e a mentalidade dos povos entre os quais vivem. E um dos maiores pioneiros dessa abertura, de despojamento da veste europeia para encarnar-se no povo entre o qual vive, é o próprio Charles de Foucauld.

---

[6] Ver, por exemplo, a convicção de Mons. Guérin, Prefeito Apostólico do Saara, e do Card. Lavigerie – aliás, comum a todos os franceses da época – de como a colonização favorece a evangelização.

2

PERFIL BIOGRÁFICO

Assim que acreditei que havia um Deus,
também compreendi que não podia
fazer outra coisa senão viver para ele:
a minha vocação religiosa remonta
à mesma hora da minha fé.
Deus é tão grande!
(Charles de Foucauld)

Escrever sobre a vida de Charles de Foucauld hoje não é fácil. Ele mesmo traçou o primeiro perfil no retiro em Nazaré de 1897, quando, com quase 40 anos, acredita ter chegado à meta de sua busca. Escreveu à luz da conversão e, portanto, sumariamente, mais para pedir perdão por seus pecados e agradecer a Deus pelo seu amor e pelas graças recebidas do que para redigir uma verdadeira biografia. Seguindo-o, procuramos traçá-la.

1. NASCIMENTO

Charles-Eugène nasce em 15 de setembro de 1858 em Estrasburgo, sendo o segundo filho de Joseph-François-Edouard de Foucauld de Pontbriand e de Elisabeth Beaudet de Morlet. Casados desde 16 de maio de 1855, eles tiveram três filhos: o primeiro morreu um mês depois do nascimento, em

1857; depois, Charles-Eugène, em 1858, e, três anos mais tarde, uma filha, Marie. A mãe se ocupa da educação deles. Anos felizes que deixam na memória do menino uma recordação límpida e terna. Serenidade que, no entanto, dura pouco, pois, em 1864, ele perde ambos os genitores e os avós paternos. Esse luto permanecerá sempre para ele como uma ferida dolorosa. É confiado ao avô materno, Charles de Morlet, coronel engenheiro reformado. Já demasiado velho para ocupar-se da educação do neto e talvez justamente para preencher no menino o vazio deixado pela morte dos pais, mima-o desmedidamente. Charles é um garoto inteligente, mas teimoso, fechado em si mesmo e em sua solidão. Uma solidão que ele amará e o acompanhará sempre durante toda a vida. Ama o silêncio povoado, pelo menos nesse primeiro período de sua vida, por devaneios e leitura, uma paixão que nunca o abandonará.

Em 1870, após a guerra franco-alemã, que causa a anexação das duas regiões francesas da Alsácia e da Lorena à Alemanha, o coronel de Morlet encontra refúgio primeiro na Suíça e depois em Nancy, escolhendo a nacionalidade francesa. Nesse período Charles frequenta escolas públicas e, em 28 de abril de 1872, recebe a primeira comunhão e a crisma: "Depois de uma boa preparação, cercado por orações e encorajamentos de toda uma família cristã, sob os olhos dos entes que mais amava no mundo". Esses entes que mais ama, além dos avós maternos, são os componentes da família de tia Inez Moitessier, irmã de seu pai, que Charles considerará sempre como sua segunda família, à qual se sentirá sempre e profundamente ligado. Dentro dessa família, Charles tem uma predileção especial pela prima Marie, por "sua doçura, bondade e perfeição". Charles sente por ela uma crescente admiração e um grande afeto, considerando-a como uma segunda mãe; será sempre para ele a "mulher ideal" e o "modelo" de vida cristã.

2. ADOLESCENTE

Aos 17 anos, Charles confessa ter perdido a fé. Uma perda que não mostrará muito em família, mas que durará doze anos, como ele mesmo escreverá:

> Durante doze anos vivi sem nenhuma fé; nada me parecia bastante provado; a mesma fé com a qual se seguiam religiões tão diversas me parecia a condenação de todas; aquela da minha infância me parecia menos admissível ainda, com o 1 = 3 que não podia aceitar [...], os filósofos estão todos em desacordo; fiquei doze anos sem nada negar e sem nada crer, desesperando-me da verdade e não crendo sequer em Deus; nenhuma prova me parecia evidente o bastante...[1]

Em 1874 deixa Nancy e se transfere para Paris, para a Ecole Sainte Geneviève, mantida por jesuítas e frequentada pela aristocracia francesa, a fim de preparar-se para entrar na escola militar de Saint-Cyr. Aceita a duras penas o regulamento e a disciplina, deixa-se conquistar pela preguiça e exatamente por causa desta, em março de 1876, com a cumplicidade de uma ligeira indisposição, é expulso da escola. O avô fica desolado. Diante de tanto desgosto, Charles volta a estudar e, em junho de 1876, passa no concurso de admissão para Saint-Cyr em 82º lugar, entre 412 alunos. Em 3 de outubro de 1876, aos 18 anos, entra na Escola Militar de Saint-Cyr. Seguindo as pegadas do avô, o futuro parece já traçado para Charles: como para tantos outros jovens aristocratas do seu tempo, a carreira militar lhe abre as portas.

---

[1] C. DE FOUCAULD, *Castries*, p. 66.

3. SOLDADO

Também aqui Charles faz o mínimo necessário nos estudos, mais para não desagradar o avô do que por dever. Escreve a seu amigo de juventude, Gabriel Tourdes, que "trabalho o mínimo possível" e durante as férias "passo o tempo caçando e passeando a cavalo ou de carro: durmo muito, como muito, penso pouco". Confessa que "é extremamente preguiçoso", dominado pelo aborrecimento, sem nenhum interesse pela vida militar que abraçou mais por tradição de família e para agradar o avô do que por verdadeira vocação.

Em 3 de fevereiro de 1878, morre seu avô, a quem era muito ligado. É uma "dor imensa" para ele e mais um vazio que se acrescenta em sua vida. Contudo, com a morte do avô, entra na posse da sua herança: uma grande fortuna que lhe permitirá viver uma vida tão fácil quanto desregrada, longe da família.

Terminada a escola de Saint-Cyr e nomeado subtenente, continua sua formação militar na escola de cavalaria de Saumur. Nesse momento, seu estilo de vida está em continuidade com o de Saint-Cyr e quase todo mês é punido com um ou dois dias de detenção. No final da escola é nomeado subtenente no 4º Regimento dos Hussardos e enviado a Pont-à-Mousson, na fronteira alemã.

Quando, em 1897, relê em Nazaré sua história, reconhecerá que aquela vida sem moderação e todas aquelas festas escondiam uma tristeza e um vazio doloroso:

> Fazia o mal, mas não o aprovava nem o amava... Fazia-me sentir uma tristeza profunda, um vazio doloroso, uma tristeza que nunca tinha provado até então... Isso me voltava toda noite, quando me encontrava sozinho no meu apartamento... ficava mudo e abatido durante

as chamadas festas: organizava-as, mas, chegado o momento, passava-as em um mutismo, em um desgosto, em um aborrecimento infinito...[2]

Em 24 de outubro de 1880, seu regimento é enviado à Argélia. Contra toda regra da sociedade militar do seu tempo, Charles chega acompanhado de uma jovem, Mimi, com quem se relaciona. Recebe a ordem de deixá-la e, recusando-se, lhe é "dado baixa por indisciplina agravada por má conduta pública". Volta à França, a Evian. Poucos meses depois, ao ficar sabendo que seu regimento está empenhado em uma operação militar contra a insurreição liderada por Bou-Amama, pede e obtém a reintegração e é logo enviado ao campo de batalha.

Nessa expedição revela verdadeiramente sua personalidade e seu caráter: "No meio dos perigos e das privações das colunas, esse literato sibarita revelou-se um soldado e um líder. Suportando alegremente as mais duras provas, responsabilizando-se pessoalmente, ocupando-se com generosidade dos seus homens, torna-se a admiração dos velhos 'mexicanos' do regimento, daqueles que tinham experiência".[3] Ele mesmo confessa a seu amigo Tourdes:

> Faço parte de uma coluna que manobra nos altiplanos, ao sul de Saida. É muito divertido: a vida de campo me agrada assim como a vida de guarnição me deixa desagradável: não é dizer pouco. Espero que a coluna dure muito tempo: quando tiver terminado, procurarei ir a outro lugar onde há movimento; se não conseguir, não

---

[2] C. DE FOUCAULD, *La dernière place*, p. 113.

[3] H. LAPERRINE, *Les étapes de la convesion d'un housard: le Père Charles de Foucauld*. In CCF 8, 1948, p. 3.

sei bem o que farei; mas de modo algum quero levar a vida de guarnição.[4]

4. EXPLORADOR

Terminada a campanha militar, visto que detesta a vida de caserna e querendo fazer uma viagem ao Oriente – segundo o espírito da juventude aristocrática do seu tempo –, dá baixa do exército. Não devemos esquecer que estamos em 1880, no ápice das ambições expansionistas das nações europeias e da luta entre elas para criar cada uma um vasto império colonial; então, para conseguir isso, tinham necessidade de exploradores.[5] Tendo descoberto que o Marrocos era um país quase desconhecido, onde nenhum europeu podia entrar, abandona a ideia do Oriente e decide explorar esse país.

Para preparar a exploração, vai morar em Argel, onde, na escola do diretor do Museu de Argel, Oscar Mac Carthy, adquire as noções indispensáveis para a exploração marroquina: curso de matemática, de geografia, de berbere e árabe, de hebraico.

Em 10 de junho de 1883, acompanhado pelo rabino Mardoqueu Abi Seror, disfarçado de judeu, com o nome de Joseph Aleman, um piedoso rabino moscovita em busca de ajuda para os seus correligionários, inicia sua exploração, que durará até 23 de maio de 1884. Em condições de extrema

---

[4] C. DE FOUCAULD, *Lettres à un ami du lycée*, p. 117-118.

[5] "Em um tempo em que as potências europeias buscavam apossar-se dos últimos territórios independentes na África ou alhures, a existência de vastas zonas ainda desconhecidas parecia escandalosa e era o motivo por que cada nação honrava e mimava seus exploradores. Basta ler a imprensa da época para saber a que ponto a geografia era um investimento para os políticos e para os militares, e a facilidade com que um mapa mesmo pequeno podia tornar--se uma paixão nacional. Qualquer pedaço de terra conquistado por um país europeu era considerado por todos como uma conquista da civilização sobre a barbárie: sobre a barbárie infinita da não Europa e sobre a barbárie relativa daquela outra nação da Europa que teria podido apoderar-se, caso não tivessem chegado antes dela" (D. HUGUES, *Petite vie de Charles de Foucauld*, p. 53).

pobreza e precariedade – corre o risco de ser morto a todo momento e, quando for reconhecido, terá a vida salva, porque, segundo a tradição muçulmana, o hóspede é sagrado –, percorre milhares de quilômetros e às escondidas toma anotações sobre cidades, sobre as regiões, mede as latitudes e longitudes, observa os costumes dos seus habitantes e sua situação social e política.

Mas é também testemunha diária da oração islâmica, do estilo de vida completamente submisso a Deus, e isso suscita nele uma "inquietação religiosa" que o leva a interrogar-se profundamente: "O Islã produziu em mim uma perturbação profunda. A visão da fé dessas almas que vivem continuamente na presença de Deus me fez intuir algo de maior e mais verdadeiro do que as ocupações mundanas".[6]

A exploração marroquina é um verdadeiro sucesso, mas também o amadureceu e reabilitou aos seus olhos e da sua família. Charles de Foucauld tem 27 anos. Pensa em casar-se com a filha do major Titre, que conheceu em Argel, aonde se dirigira para verificar os dados recolhidos durante a exploração. Diante da recusa da família, porém, que não considera a noiva da mesma classe social dele, abandona seu projeto e mergulha mais ainda na redação da sua exploração. Depois de dois anos, em 1888, publica o livro *Reconnaissance au Maroc, 1883-1884*. Obtém glória e celebridade para além das fronteiras francesas e recebe também uma medalha de ouro da Sociedade de Geografia de Paris.

5. CONVERSÃO

Com essa campanha, Charles de Foucauld se despedira da sua vida superficial, encontrando gosto na ação e no

---

[6] C. DE FOUCAULD, *Castries*, p. 53.

compromisso. Há nele o brio, o orgulho e o senso de honra dos de Foucauld; talvez haja a primeira intuição de que não pode continuar a viver uma vida sem sentido entre os prazeres e a inatividade, rejeitado pela família, sendo por esta malvisto. Sabe que nele existe a tenacidade e a vontade dos seus antepassados, que escolheram o lema *"jamais arrière"*. Percebe que possui capacidades que podem fazer dele um homem digno do nome que leva e da história a ele ligada. Humanamente, pode-se já falar de um primeiro passo para a conversão cristã, que se seguirá alguns anos mais tarde.

5.1. EM PARIS

Enquanto está em Paris para publicar seu livro, imerso na solidão do estudo e continuando o estilo de vida norte-africano, o Senhor pouco a pouco age nele, chamando-o à conversão. Em um primeiro momento orienta-se para os filósofos do mundo pagão, mas fica desiludido. Abre então o livro que lhe foi dado de presente por prima Marie, em sua primeira comunhão, *Elevações a Deus sobre os mistérios da religião cristã*, de Bossuet. Encontrou aí o que buscava: a verdade e as virtudes tão importantes para uma nova vida. E assim, pouco a pouco, quase sem se dar conta, o Senhor o conduz a familiarizar-se com os mistérios do cristianismo, preparando-o para o encontro consigo, em sua Pessoa; encontro que passará pelas pessoas da sua família.

Vai muitas vezes à casa da tia, que se reconciliara com ele e o acolhera "como o filho pródigo ao qual nem sequer fazia sentir que tivesse abandonado a casa paterna". Aí encontra sua segunda família e, nela, a prima Marie. A influência da prima consiste em estar muito perto dele, em estar a seu lado, não com muitas palavras, mas com a amizade sincera que faz transparecer o afeto, o interesse, o amor. Com sua inteligência, sua doçura e bondade, traz à luz a fé que ele perdera na adolescência, fazendo-o intuir que "a religião em que ela crê tão firmemente não poderia ser uma loucura".

Ao lado dessa intuição, a graça leva Charles a realizar um gesto e uma oração que ele repetirá por dias e dias: "Ao mesmo tempo uma graça interior extremamente forte me impelia: passei a ir à igreja, sem crer, sentindo-me bem apenas lá e passando ali longas horas a repetir esta estranha oração: 'Meu Deus, se existis, fazei que vos conheça'".[7]

5.2. UM ENCONTRO

Charles dará mais um passo:

> Veio-me a ideia de que devia informar-me sobre essa religião, em que talvez se encontrasse essa verdade na qual perdera a esperança, e disseram-me que a melhor coisa era ter lições de religião católica, como tinha tido lições de árabe; como buscara um bom mestre para aprender árabe, procurei um padre instruído para dar-me informações sobre a religião católica...

Exatamente na casa da tia tinha conhecido Abbé Henri Huvelin, um helenista renomado que preferira ser vigário da paróquia dos Moitessier, em Saint Augustin, Paris. Era um grande pastor de almas e seus numerosos amigos o apreciavam por sua sabedoria.

Em uma manhã entre 27 e 30 de outubro de 1886, vai a Saint Augustin com a intenção de pedir-lhe "lições de religião".

---

[7] Ibid., p. 95-96.

Encontrei-o no seu confessionário e lhe disse que não vinha para me confessar, pois não tinha fé, mas que desejava ter algumas informações sobre a religião católica. Em resposta a esse pedido, ele mandou que eu ficasse de joelhos e me confessasse, e enviou-me imediatamente a comungar...[8]

A graça irrompe na sua vida: "O bom Deus, que tinha iniciado tão poderosamente a obra da minha conversão, com esta graça interior tão forte que me impelia quase irresistivelmente à igreja, levou-a ao cumprimento".[9] Para o antigo e entediado oficial de cavalaria, é a meta de uma longa busca e o ponto de partida de uma vida toda oferecida a Deus.

Charles de Foucauld nunca revelou o que Abbé Huvelin lhe disse. Provavelmente o viu orar em silêncio, talvez soubesse algo do seu trabalho por meio de Madame de Bondy, talvez tivesse intuído que Charles de Foucauld não tinha naquele momento necessidade de grandes discursos ou de catequese e, portanto, recusou-se a discutir religião, mas o convidou a reconciliar-se com Deus e a comungar.

Esse encontro com Abbé Huvelin marcará para sempre Charles, que se ligará a ele com verdadeiro afeto filial e o considerará "seu melhor amigo". Por sua vez, Abbé Huvelin também amará Charles de Foucauld como um filho e o guiará sempre com grande atenção e estima. A obra de Abbé Huvelin não se restringirá à confissão de 27-30 de outubro. Ele o guiará no início de sua caminhada, porque

no início a fé teve muitos obstáculos a vencer; eu, que tinha duvidado tanto, não acreditei em tudo em um dia.

---

[8] Ibid.
[9] Ibid., p. 96.

Às vezes os milagres do Evangelho me pareciam incríveis, às vezes queria misturar passagens do Alcorão nas minhas orações. Mas a graça divina e os conselhos do meu confessor dissiparam essas nuvens...[10]

Ele o guiará depois na redescoberta da

> oração, da leitura sagrada, da participação diária na missa estabelecida desde o primeiro dia na minha vida: a comunhão frequente, a confissão frequente depois de algumas semanas; tornando-se a direção sempre mais íntima, frequente, envolvendo toda a minha vida e fazendo dela uma vida de obediência nas mínimas coisas e de obediência a que mestre! Tornando-se a comunhão quase diária...[11]

Uma ligação paterna e uma direção que terminará só com a morte de Abbé Huvelin, em 1910.

5.3. RADICALIDADE

É verdade que o que impressiona em toda conversão é a radicalidade, mas neste caso ela atinge um modo todo particular. Charles coloca Deus acima da sua existência, como uma *estrela* que o atrai e lhe indica o caminho. É o início de uma vida verdadeiramente nova. Rompe com seu passado, decidido a pôr-se radicalmente a serviço de Deus. É um homem concreto, perspicaz, prático, com temperamento resoluto, extremamente independente, com uma vontade de ferro e com caráter de militar. Não foi feito para meias medidas: "Não procuramos corrigir-nos pela metade, converter-nos

---

[10] Ibid., p. 97.
[11] C. DE FOUCAULD, *La dernière place*, p. 118.

pela metade, é impossível; é preciso chegar a converter-nos completamente; do contrário, nunca nos converteremos". Então, para ele é claro que, se se converte, de rico quer ser pobre, de inoperante quer trabalhar com as próprias mãos, de homem do mundo quer desaparecer, esconder-se dos olhos de todos; de nobre aristocrata a servo, ligadíssimo à família, quer separar-se definitivamente dela. Não há meio-termo: mudar de vida significa não só viver sem notoriedade nem celebridade como também ser desconhecido, desprezado, esquecido, preterido.

E é sempre nessa linha da radicalidade que confessa: "Assim que acreditei que havia um Deus, também compreendi que não podia fazer outra coisa senão viver para ele: a minha vocação religiosa remonta à mesma hora da minha fé. Deus é tão grande!".[12]

"Não podia fazer outra coisa senão viver para ele" significa concretamente, para Charles de Foucauld, escolher a vida religiosa e, mais precisamente, a vida monástica. Mas em qual "ordem" entrar? Charles se deixa guiar pelo critério de escolher aquela na qual encontrasse a mais exata imitação de Cristo:

> O Evangelho mostrou-me que "o primeiro mandamento é amar a Deus com todo o coração" e que era necessário encerrar tudo no amor. Todos sabem que o amor tem como primeiro efeito a imitação: não me restava, portanto, senão entrar na Ordem onde tivesse encontrado a mais perfeita imitação de Jesus. Não me sentia feito para imitar sua vida pública na pregação: devia, portanto, imitar sua vida oculta do humilde e pobre trabalhador de Nazaré. E pareceu-me que nada me apresentava melhor essa vida que a Trapa.[13]

---

[12] C. DE FOUCAULD, *Castries*, p. 67-68.
[13] Ibid., p. 68.

6. PEREGRINO NA TERRA SANTA

Essa imitação da "vida oculta do humilde e pobre operário de Nazaré" nascera nele, sobretudo, pelo ensinamento de Abbé Huvelin. Charles o ouve dizer em uma pregação: "Jesus ocupou o último lugar de tal modo que ninguém nunca poderia tirá-lo...". Essa afirmação imprime-se no seu coração e age nele até querer imitar também nisto seu Senhor. Depois, outro fato é sua peregrinação à Terra Santa, para a qual o tinha convidado o próprio Abbé Huvelin. Charles de Foucauld, em um primeiro momento, tem dificuldade de aceitar esse convite, mas afinal concorda e, então, de novembro de 1888 a fevereiro de 1889, visita a terra onde Jesus Cristo nasceu e viveu.

Essa peregrinação lhe permitirá tomar consciência viva da encarnação de Jesus, o Filho de Deus, e da "existência humilde e obscura do Deus operário em Nazaré". Ali, nas ruas de Nazaré, descobre que Jesus, durante os primeiros trinta anos da sua vida, tinha santificado e remido o mundo sem a pregação explícita, mas no silêncio, na humildade e na operosidade da vida cotidiana. Graça incomparável que se transformará em vocação ao imitar Jesus na pobreza e na humildade de uma vida simples e oculta, exatamente como a do menino divino em Nazaré.

7. MONGE TRAPISTA

Quando de Foucauld voltou, Abbé Huvelin o encontra pronto para seguir a vocação religiosa. Entra na Trapa de Notre-Dame des Neiges, na França, e depois de alguns meses é convidado para a Trapa de Notre-Dame du Sacré-Coeur, em Akbes, na Síria. "Ali passei seis anos e meio", com o nome de Frère Marie-Albéric. Anos de profunda formação no seguimento de Jesus. Formação recebida quase por osmose, mediante a oração em coro e pessoal, a leitura espiritual e o trabalho manual, que o preparam para viver uma vida de pobreza, de humildade e de aviltamento, pela qual se tinha sentido atraído desde o dia da sua conversão.

Pouco tempo depois, porém, Frère Marie-Albéric sente que a Trapa não satisfaz plenamente seu desejo de ocultamento em Jesus, de uma vida de pobreza, de solidão, de renúncia e de sacrifício. Seus superiores queriam que se preparasse para assumir responsabilidades dentro da Ordem e, portanto, que se preparasse para a ordenação sacerdotal. Ele, porém, julga-se indigno do sacerdócio e de toda dignidade monástica. Não quer abandonar "esse último lugar que estive buscando, essa abjeção na qual desejo mergulhar sempre mais no seguimento de Nosso Senhor".

Assim, começa a cultivar um pensamento bastante "fora do comum": fundar uma pequena congregação religiosa, na qual pudesse viver sua ideia original de plena imitação de Cristo pobre em Nazaré, visto que repete, tanto a Abbé Huvelin como a seu confessor: "A minha vocação é levar, e possivelmente em Nazaré, uma vida que seja a imagem mais fiel possível da vida oculta de Nosso Senhor".[14]

Abbé Huvelin, quando tem certeza de que Deus chama Frère Marie-Albéric para uma vida de penitência e ocultamento maior do que aquela que buscara na Trapa, autoriza-o a falar disso a seus superiores. Em 23 de janeiro de 1897, o Pe. Sebastião Wyart, superior-geral dos trapistas, dispensa Frère Marie-Albéric dos seus votos e do vínculo com a Trapa. Em 16 de fevereiro, depois de ter renovado os votos de castidade e pobreza nas mãos do confessor, parte de Brindisi para a Terra Santa em busca de um convento no qual pudesse cumprir a tarefa de servidor.

---

[14] C. DE FOUCAULD, *Huvelin*, p. 134.

8. NAZARÉ

Em 10 de março, Charles é aceito pelas Clarissas de Nazaré como doméstico e consegue alojar-se em uma barraca de tábuas onde são colocadas as ferramentas. Gosta de viver "desconhecido de todos e pobre, desfrutando profundamente da obscuridade e do silêncio, da pobreza, da imitação de Jesus". Seu trabalho nas Clarissas – como sacristão e doméstico – lhe deixa muito tempo à disposição para passar na oração diante da Eucaristia, na leitura e meditando por escrito no Evangelho, uma oração que ocupa muitíssimas horas do dia e da noite. Realiza, assim, seu desejo de ser "o irmãozinho de Jesus", entre Maria e José, na vida de Nazaré, "sem deixar um instante de olhá-lo amorosamente, de adorá-lo, de ter o coração e o espírito perdidos nele", porque

> o amor imita, o amor quer a conformidade com o ser amado, tende a unir tudo, as almas nos mesmos sentimentos, todos os momentos da existência em um gênero de vida idêntico... Por isso estou aqui... A Trapa me fazia subir, propunha-me uma vida de estudos, uma vida honrada... Por isso a deixei e abracei aqui a existência humilde e obscura do divino trabalhador de Nazaré. [...] Estou muito feliz... o coração tem aquilo que buscava há tantos anos.[15]

Encontra aí a realização da vida humilde e escondida que buscava desde sua conversão.

O contato com o Evangelho, porém, provoca nele uma nova evolução. Impressiona-se, sobretudo, pela ideia de que Jesus viveu "três vidas": Nazaré, o deserto e a vida pública. Elas são "igualmente perfeitas e divinas todas as três", mas

---

[15] C. DE FOUCAULD, *Contemplation*, p. 161-162.

ele sente fortemente o chamado para reproduzir a primeira dessas três vidas, a do "divino Operário de Nazaré".

Além disso, é iluminado de maneira extraordinária pela página evangélica da Visitação, meditada durante um retiro; ele nota que Jesus, desde antes do nascimento, é salvador e se pergunta como abrir-se sempre mais às exigências da evangelização, embora não renunciando a viver o mistério de Nazaré. Sobre seu exemplo, também ele deve "evangelizar e santificar os povos infiéis, sem palavras, levando Jesus no meio deles em silêncio". A Virgem, no mistério da Visitação, o fez compreender que é necessário não só rezar pela salvação de todos os homens como também viver no meio deles o Evangelho, sem pregá-lo, mas testemunhando-o com toda a vida.

9. SACERDOTE

Assim, vão amadurecendo novas decisões que mudam mais uma vez a fisionomia da sua vida pessoal. O compromisso com as Clarissas de Nazaré e de Jerusalém – onde passa um período – lhe parece demasiado fácil e torna-se sempre mais forte o desejo de um serviço mais explícito aos pobres. Em um colóquio com Mère Elisabeth du Calvaire, superiora do convento de Jerusalém, tomou corpo também a ideia de se tornar sacerdote, em um primeiro momento como capelão das irmãs, reunindo em torno de si alguns companheiros, e depois sendo padre eremita no monte das Bem-aventuranças, já em posse dos turcos e agora à venda, "para erigir aí [...] uma capela e um altar, onde se conserve o Santíssimo e se celebre cada dia a santa missa".

Suas objeções acerca do sacerdócio parecem ter terminado, porque descobriu que é o melhor modo de imitar Jesus Cristo, como salvador da humanidade, e que não contradiz sua busca de humildade:

De nenhum modo um homem imita mais perfeitamente Nosso Senhor do que oferecendo o santo sacrifício ou administrando os sacramentos. Uma busca de humildade que afastasse do sacerdócio não seria, portanto, autêntica, porque afastaria da imitação de Nosso Senhor, que é "a única via". Não devo, portanto, sobrevalorizar a maior baixeza da minha situação atual para permanecer aí, nem temer demais a elevação do sacerdócio de modo a repeli-lo, mas colocar a humildade onde Nosso Senhor a colocou, praticá-la como ele a praticou e, portanto, seguindo seu exemplo, praticá-la no sacerdócio.[16]

Em 16 de agosto de 1900, Charles de Foucauld volta à França e, sempre a conselho de Abbé Huvelin, prepara-se para o sacerdócio na abadia de Notre-Dame des Neiges; é ordenado sacerdote em 9 de junho de 1901, no seminário diocesano de Viviers, na presença de Mons. Bonnet, que o acolhe entre os seus padres.

Nesses meses de preparação ao sacerdócio, ele amadureceu a ideia de não voltar mais "à Terra Santa, onde há grande abundância de padres e de religiosos e poucas almas a ganhar", mas sente-se chamado a ir às

"ovelhas desgarradas", às *mais perdidas*, às almas mais abandonadas, às mais descuidadas, para realizar com elas aquele dever de amor, mandamento supremo de Jesus: "Amai-vos uns aos outros como eu vos amei"; "nisto se saberá que sois meus discípulos". Sabendo por experiência que nenhum povo é mais abandonado que os muçulmanos do Marrocos, do Touat, do Saara argelino (há treze padres para uma diocese sete ou oito vezes maior que a França, e com 12-15 milhões de habitantes, pelo

---

[16] C. DE FOUCAULD, *Huvelin*, p. 206-207.

menos), pedi e obtive permissão de vir a Beni Abbes, pequeno oásis do Saara argelino, nos confins do Marrocos.[17]

É assim que Irmão Charles quer anunciar e levar a conhecer Jesus àqueles que o despertaram para a busca de Deus e para a fé, praticando para com esses irmãos "a universal caridade do Coração de Jesus".

10. BENI ABBES

Para poder compreender e, portanto, apreciar melhor a escolha de Charles de Foucauld, devemos ter presente que, a fim de estabelecer-se no Saara, tem de obter a autorização por parte do governador militar. Com efeito, o Saara é um território militar. A chegada dos militares franceses é ainda um fato recente e, também pela vizinhança da fronteira marroquina, vive-se na insegurança e com o contínuo medo de ações de guerrilha.

Em 10 de setembro ele chega a Argel e, em 15 de outubro, ao oásis de Beni Abbes, nos confins do Marrocos, decidido "a viver sozinho, como um monge de clausura, procurando santificar-me e conduzir outras almas a Jesus, não com a palavra e a pregação, mas com a bondade, a oração, a penitência, o exemplo de vida evangélica, sobretudo com a presença do Santíssimo Sacramento...".[18]

Com a ajuda dos militares constrói a *Khaua*, "a fraternidade", onde começa a viver sua "vida de sacerdote eremita", que imita a vida monástica e compreende 11 horas de oração e 6 horas de trabalho. Mas as exigências da caridade obrigam-no a tornar-se flexível; recebe muitas visitas: de

---

[17] C. DE FOUCAULD, *Lettres à un ami du Lycée*, p. 162.
[18] Ibid.

pessoas de passagem, a quem oferece hospitalidade, de pobres, doentes e escravos, que vêm bater em sua porta, dos habitantes do oásis e dos militares franceses da guarnição, da qual é "capelão". Uma tarefa que assume com verdadeiro zelo. Vê-se isso quando, de 17 a 21 de agosto de 1903, ocorre a batalha de Taghit, a cento e vinte quilômetros ao norte de Beni Abbes e, depois, em 2 de setembro, a batalha de El-Moungar, a trinta e dois quilômetros ao norte de Taghit: para onde ele se dirigirá depressa para levar seu conforto aos feridos, iniciando junto deles uma missão de amigo e de padre, ficando ali o mês inteiro e não hesitando em refazer o mesmo caminho mais vezes, para estar perto dos soldados gravemente feridos.

Deseja a clausura e ao mesmo tempo sonha em acolher a todos; pensa em construir um muro à semelhança da Trapa, mas ficará sempre só no projeto, por ele ser continuamente atormentado pela necessidade sem-fim dos que vêm a ele. Abre-se a todos e acolhe a todos: "Desde 15 [janeiro] que a pequena casa está terminada, temos todos os dias hóspedes para a ceia, para dormir e para o almoço; sem contar uma velha doente que é permanente; tenho entre 60 e 100 visitas por dia, frequentemente, senão sempre".[19]

Ele não poderia fazer de outro modo, porque, chegando à terra africana, se propusera a "habituar todos os habitantes, cristãos, muçulmanos, judeus, idólatras, a considerar-me como seu irmão, o irmão universal. Eles começam a chamar a casa de 'fraternidade' (*Khaua* em árabe), e isso me é agradável".[20] Quer ser "o irmão de todos os humanos, sem exceção nem distinção". Com todos eles, especialmente com os pobres e os últimos, não poupa sua caridade:

---

[19] C. DE FOUCAULD, *Dernière place*, p. 277.
[20] C. DE FOUCAULD, *Bondy*, carta de 7 de janeiro de 1902.

Esmolas, medicamentos, hospitalidade [...]: dou os medicamentos absolutamente a todos os que pedem, nunca fiquei sem; pedem-me muitas vezes ao dia, mas não de maneira excessiva [...]. Para as esmolas, tenho muitas categorias: entre os moradores locais, aos sábados e nas vigílias das grandes festas, dou cevada a todos aqueles que são verdadeiramente pobres; a alguns deles que têm mais interesse, dou toda manhã; aos outros, nada. Entre os estranhos, dou a todos os que passam, mesmo que não sejam pobres, uma boa refeição de cevada, às vezes um pouco mais.[21]

Sobretudo se aproveita de todos aqueles que vêm pedir um pouco de caridade para "compartilhar a minha felicidade. [...] Ele [Jesus] nos disse que somos todos irmãos, filhos de um mesmo Pai, e que devemos amar toda alma como a nós mesmos. [...] para obedecer a ele, para amá-lo, é preciso, portanto, que eu busque partilhar a minha felicidade com meus irmãos...".[22]

Pelos doentes chega até a dispensar-se da clausura, para ele coisa intocável: "Pelos doentes faço o que posso, saindo da clausura toda vez que há alguém gravemente doente, e vou vê-lo todo dia".[23]

Sua atividade de caridade se exprime sobretudo para com aqueles que, entre os pobres, são os mais pobres, ou seja, os escravos: "Muitos escravos morrem de fome e, se lhes é dado alguma coisa, os donos a tomam: três ou quatro vêm comer aqui todo dia; para eles tenho pão e tâmaras. Comem no pátio da fraternidade e depois vão embora...".[24] A favor

---

[21] C. DE FOUCAULD, *Correspondances sahariennes*, p. 129-130.
[22] C. DE FOUCAULD, *Castries*, p. 141.
[23] C. DE FOUCAULD, *Correspondances sahariennes*, p. 131.
[24] Ibid., p. 62.

deles e em nome do Evangelho se lança na luta contra essa chaga que constitui, aos seus olhos, uma vergonha e uma injustiça, aprovada pelas autoridades francesas nessa sua colônia do Saara. Vê a triste situação deles, sua miséria, e não pode calar-se, em nome da fraternidade que o liga a toda pessoa. Quer ajudá-los, acolhe-os na fraternidade, começa a resgatar alguns. Escreve a todos os seus conhecidos para que intervenham junto às autoridades políticas, à sociedade antiescravista, e para sensibilizar a opinião pública sobre essa grave chaga. Quando Mons. Guérin, com medo da reação do governo francês anticlerical, chama-o a uma maior discrição e à obediência, ele o fará, mas a contragosto. Embora use a discrição e a paciência que lhe foram pedidas pelo seu Prefeito Apostólico, sabe que eles, enquanto sacerdotes, não têm "o direito de ser cães mudos e sentinelas mudas: é preciso gritar quando vemos o mal e dizer em voz alta: 'Não é permitido' e 'Ai de vós, hipócritas!'".[25]

Entre os pobres que acolhe e os escravos que resgatou, Charles de Foucauld exerce seu ministério sacerdotal e nutre o desejo de abrir uma pequena comunidade cristã. Para eles escreve o catecismo *O Evangelho apresentado aos pobres negros do Saara* e inicia também a tradução do Evangelho. Além disso, Charles de Foucauld exerce seu ministério pastoral com os militares da guarnição.

Agindo assim, porém, pouco a pouco, Irmão Charles não se sente mais à vontade, porque lhe parece ter-se afastado da sua vocação à vida oculta de Nazaré. Essa inquietação se manifesta durante a visita pastoral do seu Prefeito Apostólico, Mons. Guérin, em 27 de maio de 1903. Uma semana depois da sua partida, Irmão Charles escreve a Abbé Huvelin, que notou no Monsenhor "uma pequena e discreta tendência da

---

[25] Ibid., p. 76-78.

sua parte a impingir-me suavemente a transformar a minha vida de monge silencioso e oculto, a minha vida de Nazaré, em uma vida de missionário". Foucauld reage, pois isso significa sair, afastar-se da vida de Jesus em Nazaré:

> Não seguirei essa tendência dele, porque me pareceria ser gravemente infiel para com Deus, que me chamou a uma existência escondida e silenciosa, e não à pregação: os monges e os missionários são ambos apóstolos, mas de modo diferente; neste ponto não mudarei e continuarei no meu caminho, que percorro da melhor maneira, bastante mal, ai de mim, mas fielmente há quatorze anos: vida oculta de Jesus, junto com outros, se Jesus quiser mandá-los, sozinho, se me deixar só.[26]

Outro fato mudaria sua vida. Em 6 de março de 1903, chega a Beni Abbes o comandante Henri Laperrine. Antigo companheiro de armas, convida-o a acompanhá-lo em uma viagem ao sul do Saara, "para familiarizar-se" com as tribos tuaregues recentemente submetidas à França, com a secreta esperança "de fazer dele o primeiro pároco do Hoggar e o capelão de Moussa", o chefe supremo dos tuaregues. Oficialmente o leva consigo como ex-explorador e na coluna terá uma tarefa bem precisa, como ele próprio testemunha no relatório escrito para seus superiores: "Pe. de Foucauld, sempre continuando os seus estudos da língua tamachek, coletava o máximo possível de itinerários por meio de informações e se ocupava com o serviço médico tanto do destacamento como das populações".

Sobre seu desejo de transferir-se para o sul, pesa certamente a responsabilidade de ser o único sacerdote que pode

---

[26] C. DE FOUCAULD, *Huvelin*, p. 297-298.

fazê-lo, exatamente em nome da amizade que o liga ao comandante Laperrine. Realmente, o Marrocos permanecendo sempre fechado, com esse convite se abre para ele um imenso campo para evangelização que o atrai e, a seu ver, o prepara para o marroquino. Esse desejo lhe nascera da visita pastoral de Mons. Guérin a Beni Abbes e lhe parece poder realizar-se agora que o comandante Laperrine obteve a submissão do *amenokal* [chefe] Moussa ag Amastane e da sua tribo de tuaregues. Ele comenta assim em seu *carnet*:

> Creio que não daria essa facilidade a outros sacerdotes além de mim, [pois] os oásis e os tuaregues estão sem nenhum padre, e nenhum padre pode ir aí: não somente me permitem ir como também me convidam; regiões longínquas e entre as mais abandonadas estão sem padre, pedem-me para ir, só eu posso ir, e me recuso? Imensas extensões de terra estão sem oração, ninguém pode ir para oferecer o Santo Sacrifício, exceto eu apenas, a quem não só permite, antes pedem...[27]

Além disso, Irmão Charles acredita que os tuaregues estejam prontos para receber o Evangelho porque estão islamizados muito superficialmente e, portanto, dispostos a acolhê-lo melhor que os árabes.

Contato e evangelização que Charles de Foucauld exerce mediante sua presença orante, fraterna e cheia de caridade: "Falando, dando medicamentos, esmolas, a hospitalidade no acampamento, mostrando-se irmãos, repetindo que somos todos irmãos em Deus e que esperamos um dia estar todos no mesmo céu, rezando pelos tuaregues com todo o meu coração, eis a minha vida...".[28]

---

[27] C. DE FOUCAULD, *Carnet de Beni Abbés*, p. 171.
[28] C. DE FOUCAULD, *Correspondances sahariennes*, p. 689.

Fiel a sua vocação, Charles de Foucauld não agirá como um missionário clássico. Ele, por meio da amizade e da bondade, será o "irmão universal" que prepara o caminho para os futuros missionários, os quais o seguirão nessa obra difícil de evangelização dos tuaregues.

11. TAMANRASSET

Em 1905, o General Laperrine convida-o a uma segunda viagem ao Hoggar, durante a qual ele tem a possibilidade de residir entre os tuaregues. Decide estabelecer-se em Tamanrasset, no coração do Hoggar. Também nesse "lugar abandonado" propõe-se

> a evangelização não com a palavra, mas com a presença do Santíssimo Sacramento, a oferta do divino Sacrifício, a oração, a penitência, a prática das virtudes evangélicas, a caridade, uma caridade fraterna e universal, compartilhando até o último bocado de pão com todo pobre, todo hóspede, todo desconhecido que se apresenta e recebendo todo ser humano como um irmão bem-amado.[29]

A propósito do "compartilhando até o último bocado de pão com todo pobre, todo hóspede, todo desconhecido que se apresenta", o General Laperrine evoca:

> Devo recordar uma das mais comoventes iniciativas da sua caridade: os almoços que organizou durante a famosa carestia do inverno de 1907-1908. Uma vez por dia todos os rapazes da região se reuniam em sua casa e comiam até estarem saciados. Repensando isso, per-

---

[29] C. DE FOUCAULD, *Castries*, p. 51.

cebo que fiquei muito impressionado achando que fosse seu ascetismo que o induziu a submeter-se a privações exageradas que, por pouco, no final daquele célebre inverno, não o levaram à morte; foi, porém, sua caridade a principal responsável. Vendo todos aqueles moleques que mastigavam tão alegremente, não tinha coragem de separar sua ração de comida.[30]

Por isso, adoece e é salvo pelos seus amigos tuaregues, que "buscaram para mim todas as cabras que tivessem um pouco de leite nessa terrível seca no perímetro de quatro quilômetros".[31]

Exceto por três estadias na França em busca de colaboradores que aceitassem rezar e trabalhar pela conversão dos tuaregues e dos infiéis das colônias (de 16 de fevereiro a 8 de março de 1909; de 16 de fevereiro a 16 de março de 1911; de 10 de junho a 29 de setembro de 1913), ele permanece em Tamanrasset durante todo o restante de sua vida. Participa da vida dos tuaregues, reza por eles, torna-se amigo e conselheiro não só do *amenokal* Moussa ag Amastane e dos administradores militares como também de muita gente simples que vai a ele para uma ajuda e uma palavra de conforto.

Em 1910, inicia a construção de um segundo eremitério, em uma alta montanha, no Asekrem, a sessenta quilômetros de Tamanrasset, para estar mais perto dos tuaregues, lá de onde "as tendas (isto é, as mulheres, as crianças e os velhos) nunca saem". Para se tornar um tuaregue entre os tuaregues, estuda seus costumes e sua língua, transcreve textos em prosa e textos poéticos, provérbios, uma gramática, um dicionário de nomes próprios e um tuaregue-francês, utilizando todo

---

[30] H. LAPERRINE, *Les étapes de la conversion d'un houzard*, p. 150.
[31] Ibid., p. 151.

o tempo de que dispõe, até chegar a um horário impossível, onze horas por dia por onze anos: "Meu tempo está dividido entre a oração, as relações com os indígenas e os trabalhos de língua tuaregue; dou muito espaço a estes últimos, sobretudo para terminá-los depressa e estar totalmente disponível para o restante, mas também porque me são necessários. Não posso fazer o bem aos tuaregues se não falar com eles e conhecer sua língua".[32]

Faz isso "em condições materiais e climáticas tais que tornam esse trabalho uma verdadeira empresa ascética", voltada à ocultação mais absoluta. Esperou sempre terminar esse estudo em poucos anos, mas, por caráter e temperamento, não era homem de fazer as coisas pela metade; assim, o trabalho, em vez de diminuir, continua a aumentar, até se tornar "uma obra de autor e uma obra monumental", cuja amplitude e rigor científico impressionam ainda hoje os especialistas.

Ali encontrou, de fato, a vida de Nazaré tão desejada e buscada, pois compreendeu que o ocultamento de Cristo coincidiu com a encarnação e quer, por sua vez, estar sempre mais imerso entre as pessoas para ser sempre mais uma delas, alguém que desaparece no meio delas. Fazendo como sempre falara Jesus, em uma meditação escreveu: "É o amor que deve unir-te a mim interiormente, e não o afastamento dos meus filhos; vê a mim neles, como a mim em Nazaré, e vive junto deles, perdido em Deus". Tinha finalmente experimentado o que Abbé Huvelin lhe escrevera, em 1896, na Trapa de Akbes: "Nazaré é onde se trabalha, onde se é submisso... é uma morada que se constrói no próprio coração ou, antes, que se deixa construir pelas mãos do Jesus Menino, manso e humilde de coração".[33]

---

[32] C. DE FOUCAULD, *Huvelin*, p. 408-409.
[33] Ibid., p. 92.

12. MORTE

Em 3 de setembro de 1914, Charles de Foucauld escreve a notícia de que um mês antes, na Europa, estourara a guerra. Uma guerra que suscita as tristes recordações da infância e da juventude... Quis partir para o fronte, mas a conselho do General Laperrine fica no Saara, onde sua presença é julgada mais importante por causa da ameaça senussita, movimento político-religioso dos senussi, de tendência sufista, hostil aos cristãos em geral e aos franceses em particular, que, sob a influência dos alemães e dos turcos, procura incitar as tribos tuaregues contra a França. Por esse motivo, constrói um forte "onde a população de Tamanrasset pudesse refugiar-se no caso de os bandos marroquinos chegarem até aqui". Uma população composta de velhos, mulheres, crianças e escravos, pois – dada a grande seca que assolava o Hoggar – todos os homens tinham ido para o sul em busca de pastos.

Uma guerra combatida na Europa, mas que estende sua influência também nas colônias; a Alemanha, para enfraquecer a resistência no fronte europeu, estava interessada em começar ali as hostilidades. Apesar do perigo, Charles de Foucauld se sente tranquilo e continua seu trabalho, sustentado pelo pensamento de poder morrer mártir, de poder dar a Jesus a maior prova de amor que um amigo pode dar ao amigo, morrendo por ele. Escreve:

> Meu Senhor Jesus, que disseste: "Ninguém tem maior amor do que aquele que dá a vida por seus amigos" (Jo 15,13)... Desejo de todo coração dar minha vida por ti; peço-te isto insistentemente. No entanto, não a minha vontade, mas a tua. Ofereço-te a minha vida: faz de mim o que mais te gradar. Meu Deus, perdoa meus inimigos, dá-lhes a salvação.[34]

---

[34] C. DE FOULCAULD, *Opere Spirituali*, p. 48.

Desejo que Deus atenderá ao pôr do sol de sexta-feira, 1º de dezembro de 1916.

Na manhã daquele mesmo dia, escrevera à prima: "Nosso aniquilamento é o meio mais poderoso que temos para nos unir a Jesus e fazer o bem às almas".[35] Como Jesus na cruz: cumprimento do mistério de Nazaré. A morte realizava completamente seu maior desejo: ser feito semelhante em tudo a seu bem-amado Senhor e Irmão Jesus.

---

[35] C. DE FOULCAULD, *Bondy*, p. 251.

3

NAZARÉ

*Santa Maria e São José eram pobres operários,
que viviam com o trabalho de suas mãos,
em um lugar chamado Nazaré. O Senhor Jesus
viveu lá trinta anos com eles, dando a impressão
de ser filho de José e um homem como os outros,
servindo a eles, obedecendo a eles e trabalhando
junto com eles. Ele, o criador do céu e da terra,
do sol, do ouro e de tudo o que existe,
fez-se de tal modo o último de todos,
o mais pequeno de todos e o mais pobre de todos.*
(Charles de Foucauld)

O coração da espiritualidade de Charles de Foucauld é Nazaré. Esta intuição é, sem dúvida, dom do Espírito Santo e revelou-se nele extraordinariamente fecunda, de modo a forjar seu caminho espiritual. Para compreender bem a ideia que Charles de Foucauld fazia da vida de Nazaré é preciso nunca esquecer a frase de Abbé Huvelin, que ficou impressa na sua mente: "Nosso Senhor Jesus Cristo tomou de tal modo o último lugar que ninguém nunca o poderá roubar-lhe". Na parábola dos convidados às núpcias (Lc 14), Jesus diz aos convivas para escolherem o último lugar, mas Abbé Huvelin o aplica ao próprio Jesus. Esta frase, que remonta ao inverno de 1888, marcou-o de tal maneira que ele interpreta toda a vida de Jesus à sua luz, e dedicará toda sua vida para pô-la em prática.

A raiz bíblica dessa *kénosis* é Filipenses 2,6-11, em que se contrapõe a *condição divina* de Cristo à *condição de escravo* assumida ao fazer-se homem, sobretudo no momento da cruz, suplício reservado aos escravos. É o escândalo da cruz que permanece sempre um mistério... A escola francesa de espiritualidade, na qual Abbé Huvelin se formou, sublinha a humilhação de tal condição, que conduzia Cristo a oferecer--se em sacrifício por nossa salvação. Charles de Foucauld faz sua essa visão, vendo na quenose de Jesus a humildade, a abjeção que ele assumiu de maneira infinita ao se fazer o "servo de Javé", o servo sofredor, que se imola por nós. Sabemos como Jesus iniciou sua vida entre nós, exatamente tomando o último lugar entre os pobres, e como terminará sua vida mais uma vez no último lugar, na cruz, entre dois ladrões.

Charles de Foucauld não capta tal mistério em um único momento, porque, em sua vida, experimenta uma contínua e progressiva evolução: desde a manhã daquele dia do final de outubro de 1886, no qual se apresenta no confessionário de Abbé Huvelin, até o ocaso daquela sexta-feira de 1º de dezembro de 1916, quando leva a termo a imitação de Jesus em Nazaré, dando, como ele, sua vida.

Quando a descobriu durante a peregrinação à Terra Santa, aos olhos de Charles de Foucauld a aldeia de Nazaré é de fato um lugar único; Nazaré é o lugar onde Jesus aprendeu a ser homem, onde cresceu submisso a seus pais e onde se rebaixou, fez-se pequeno, escolheu o último lugar:

> Rebaixou-se: por toda a vida não fez outra coisa senão rebaixar-se: rebaixar-se ao se encarnar, rebaixar-se ao se fazer menino, rebaixar-se ao obedecer, rebaixar-se

ao fazer... pobre, abandonado, exilado, perseguido, supliciado, pondo-se sempre no último lugar.[1]

Ao andar pelos caminhos, olha as pedras que Jesus pisou e, na fonte, vê as mulheres e as crianças fazerem os mesmos gestos de Maria e Jesus. Fica profundamente tocado. E ali descobre, toca quase com a mão, até que ponto Deus nos amou ao fazer-se homem como nós. Jesus não tomou o último lugar só no início e no final da sua vida, como também durante toda a vida; vida essa feita de coisas costumeiras de cada dia. Essa descoberta torna-se um chamado para imitá-lo: "Tenho muitíssima sede de viver finalmente a vida que busco há mais de sete anos, [...] que entrevi, intuí, caminhando pelas ruas de Nazaré, que os pés de Nosso Senhor, pobre artesão perdido na abjeção e na obscuridade, pisaram".[2]

Essa intuição da vida oculta de Jesus será o fermento que o conduzirá durante toda a vida, mas que em um primeiro momento o levará a entrar na Trapa, pois a casa de Nazaré era, a seus olhos, um mosteiro onde Jesus, José e Maria viveram sua vida religiosa, dividida entre o trabalho e a oração, e onde ele também é chamado a viver, participando da vida deles como "irmãozinho" de Jesus. Há evidentemente ingenuidade e exagero no que Irmão Charles pensa e escreve, mas não pode ser subestimado o valor enorme desse período: de fato, vive-o realizando um despojamento e uma disponibilidade totais, cultivando em si as virtudes evangélicas em verdadeira humildade e corajosa mortificação.

A seu ver, a Trapa é o lugar ideal para viver Nazaré, ou seja, uma vida escondida, feita de trabalho e oração, na humildade e na pobreza. Por sete anos será a escola onde

---

[1] C. DE FOULCAULD, *Voyageur*, p. 208.
[2] C. DE FOULCAULD, *Bondy*, p. 60.

aprende a colocar Jesus Cristo no centro de sua vida e a viver em íntima e profunda comunhão com ele. Separado do mundo pela clausura, pelo silêncio, e imerso na leitura, na meditação, na oração comum e pessoal, e especialmente no trabalho manual, ele busca imitar a vida de Jesus em Nazaré. Irmão Charles deixa a Trapa porque não encontra ali a perfeição buscada da vida em Nazaré. Aos olhos de todos, é um monge respeitado e seus superiores querem fazê-lo sacerdote para poder confiar-lhe a direção de um mosteiro; ideal bem distante da pobreza e da abjeção que ele fora buscar ali. Mas a Trapa permanecerá sempre o ideal de toda perfeição e os diversos elementos da vida monástica sempre lhe serviram como ponto de referência: não saberá falar, durante toda a vida, com outros termos e seu vocabulário será sempre monástico, até quando viver sozinho e fora de todo esquema monástico, como em Tamanrasset.

Doméstico das Clarissas, vive imerso na oração, sobretudo na adoração eucarística, sustentado pelo contato com o Evangelho. Essa vida aos pés do tabernáculo, onde Jesus está realmente presente, como "estava sob o teto de Nazaré", é para ele um dom de Deus que o conduz a descobrir, em um primeiro momento, outro aspecto do mistério de Nazaré. Ao meditar o mistério da Visitação, ele descobre que também pode participar da obra da salvação, sem voltar atrás no ocultamento do último lugar; em um segundo momento, em razão de várias vicissitudes, chega a aceitar o sacerdócio para cooperar nesse mistério de salvação. Para isso, em agosto de 1900, volta à França, onde, no mosteiro de Notre-Dame des Neiges, que o acolhera no início do seu itinerário espiritual, se prepara para a ordenação sacerdotal. O ano de preparação ao sacerdócio é importante para Charles; um ano caracterizado pelo desejo ardente de cooperar na obra redentora do divino operário de Nazaré, mediante a oração, a caridade e a imolação. Relê a chamada ao sacerdócio à luz do mistério de Nazaré, com a finalidade precípua de salvaguardar sua vocação de Nazaré e vivê-la na Igreja. Com uma operação bastante singular, acha que a tonsura e as ordens menores têm paralelo na vida de Nazaré e requerem uma "vida escondida com Cristo em Deus" (Cl 3,3), a qual o subdiaconato exige nos quarenta dias de jejum e na renúncia de toda coisa criada. O diaconato tem paralelo na vida pública de Jesus e comporta o exercício da caridade, ao passo que o sacerdócio tem paralelo na paixão de Jesus e pede o sacrifício de Jesus no altar e de si mesmo na cruz; ele, como "irmãozinho de Jesus", sente-se chamado a ser, com ele e como ele, salvador, imolando-se na cruz. Essa visão original, se por um lado o faz abandonar o modelo de sacerdote-eremita no monte das Bem-aventuranças, por outro, lhe permite conservar todas as características da vida de Nazaré que há anos vive e não quer abandonar.

Essa ulterior descoberta do mistério de Nazaré o faz alargar os horizontes: a vida de Nazaré não é para ser vivida em um pico deserto, mas sim em um vale, no meio das pessoas. Será sacerdote no Saara, entre as populações que estiveram no início do seu caminho de conversão, para levar ali Cristo presente na Eucaristia, testemunhando-o no ocultamento salvífico de Jesus em Nazaré, isto é, no silêncio, não com a palavra, mas com a bondade, a santidade, a intercessão orante e uma vida evangélica e virtuosa.

Ao chegar à Argélia, obtém permissão para se estabelecer no oásis de Beni Abbes, na fronteira marroquina. Quer construir aí "uma espécie de humilde pequeno eremitério, onde alguns monges pobres pudessem viver de algum fruto e um pouco de cevada colhidos com as suas mãos, em severa clausura, na penitência e na adoração do S. Sacramento, não saindo do mosteiro nem pregando, mas dando hospitalidade a qualquer um, bom ou mau, amigo ou inimigo, muçulmano ou cristão...". É o "sonho monástico" de Irmão Charles, onde o mosteiro é a casa de Nazaré, na qual pode viver em contemplação e na caridade para com os outros, com o fruto do seu trabalho, como fizeram Jesus e seus pais em relação aos seus vizinhos e habitantes da pequena aldeia de Nazaré. Sustentado pela fé de que o Senhor Ressuscitado está realmente presente na Eucaristia e no irmão, deseja viver, com radicalidade, ali em Beni Abbes, a vida monástica. Mas, tomado pela exigência da caridade para com os irmãos, começa a mudar as regras da vida monástica tradicional e passa a viver como "irmão universal" de todos: como Jesus, também ele quer fazer da sua vida uma "pró-existência" para Deus, no dom de si mesmo por seus irmãos. Beni Abbes torna-se, assim, sua primeira fraternidade, onde aprende a pôr a abjeção não mais no trabalho manual, como em Nazaré, mas no humilde e delicado serviço aos outros.

Quando Laperrine o convida a acompanhá-lo na sua viagem pelo sul da Argélia, entre os tuaregues, depois de muita hesitação ele aceita, porque espera poder viver o mistério da Visitação entre esse povo ainda mais abandonado que o de Beni Abbes. O que ele faz Jesus dizer, sobre a busca de um lugar para se estabelecer, é sintomático:

> Hoje e no futuro, se puderes, estabelece-me no primeiro lugar entre estas rochas semelhantes àquelas de Belém e de Nazaré, onde tens tanto a perfeição da minha imitação como a da caridade; no que concerne ao recolhimento, é amor que deve recolher-te em mim interiormente, e não o afastamento dos meus filhos; veja-me neles e, como eu em Nazaré, vive perto deles, perdido em Deus.[3]

---

[3] C. DE FOUCAULD, *Carnet de Beni Abbés*, p. 110.

De agora em diante, não se tratará mais de conciliar oração e contemplação, por um lado, e atividade e ministério, por outro, mas sim de uma nova forma de vida, contemplativa no pleno sentido da palavra, encarnada na realidade cotidiana, no contato estreito com os irmãos que o circundam e compartilham a vida com ele. Então se estabelecerá em Tamanrasset, no próprio coração do Hoggar. Modificando-a apenas o suficiente para recuperar a vocação recebida, leva a pleno desenvolvimento a vida iniciada em Beni Abbes. Tamanrasset se torna, assim, o lugar para traduzir a vida de Nazaré em um apostolado de humilde presença junto àqueles irmãos mais distantes e excluídos do anúncio de Cristo e do seu Evangelho; o mesmo anúncio que Charles de Foucauld pretendia intimamente encarnar e testemunhar na gratuidade da intercessão orante e no fazer tudo para todos na caridade.

Entre os tuaregues, ele continua sua obra com perseverança, na normalidade, sem fatos extraordinários; as semanas, os meses passam sem grandes modificações, em uma regularidade monótona, mas que mostra que ele vive realmente como Jesus em Nazaré; na normalidade da vida de uma aldeia perdida no deserto, dedica-se para que também esses irmãos possam descobrir a salvação de Cristo. Por isso, em Tamanrasset, Irmão Charles leva uma vida sem rigidez, deliberadamente inserido na vida da população tuaregue. Busca mais abertamente contatos fora da fraternidade, com visitas e viagens; visa adquirir um conhecimento mais profundo e mais extenso possível de tudo o que diz respeito à língua, à mentalidade e aos costumes dos habitantes. Pode-se falar de uma adaptação levada adiante no plano intelectual com rigor científico, desinteressado, com uma grande solicitude de compreensão e de simpatia por aqueles homens, e comprometendo-se com seu desenvolvimento e sua dignidade. Se a isso acrescentarmos o tempo dado à oração, aos encontros, à correspondência, temos uma vida intensa que o permite descobrir uma Nazaré de que não suspeitava; pode viver sem clausura, a porta sempre aberta a todos, mas ao mesmo tempo tem a solidão cheia de oração e de trabalho. O deserto torna-se sua clausura, mas o deserto é também sua Nazaré, onde ser irmão dos tuaregues é o estilo da sua vida e do seu testemunho evangélico. Assim, nesses anos, viverá o mistério de Nazaré de um modo totalmente diferente daquele que sonhara e descrevera, quando estava em Nazaré e, depois, em Beni Abbes.

O mistério de Nazaré em Tamanrasset é o que ele descreve na última meditação, escrita sobre este tema, que nos deixou:

> Foi a Nazaré, o lugar da vida oculta, da vida comum, da vida de família, de oração, de trabalho, de obscuridade, de virtudes silenciosas, praticadas sem outras testemunhas senão Deus, os pais, os vizinhos dessa vida santa, humilde, benéfica, obscura, que é a da maioria dos homens e da qual nos deu o exemplo por trinta anos...[4]

Nazaré se torna, portanto, a experiência de viver "por causa de Jesus e do seu Evangelho" (Mc 8,35), não em condições de vida diferentes das outras pessoas, mas compartilhando sua existência cotidiana, imerso na oração e no acolhimento cheio de bondade de todos, sem nenhuma distinção, vivendo com eles e como eles; não é mais uma vida monástica nem missionária em sentido estrito, mas uma vida sacerdotal vivida na fraternidade, ou seja, no *estar com* eles, no enraizar-se naquela terra, tornando-se "do povoado". Sua vida em Tamanrasset torna-se uma vida de solidariedade com aquele povo, de fraternidade com todos; agora, o mistério de Nazaré

C. DE FOUCAULD, *Voyageur*, p. 229.

tornou-se um ocultamento por imersão fraterna entre as pessoas e com as pessoas para tornar conhecida a todos a salvação de Deus. Como Jesus em Nazaré.

O mistério de Nazaré não é, portanto, para Charles, "uma chamada ao silêncio", nem "uma espiritualidade do deserto", mas é estar com Jesus e estar com os outros, no estilo da mesma vida de Jesus em Nazaré. Nunca buscou o deserto pelo deserto; não foi para esconder-se no deserto que quis ir a Beni Abbes, mas para a evangelização do Marrocos; se depois foi morar "no coração do Saara", o fez pelos tuaregues, porque achava que era o único padre que podia estabelecer-se entre eles; até seu eremitério em cima do Assekrem fora concebido e realizado para estar próximo das pessoas que ali ficavam.

Em síntese, podemos afirmar que a caminhada feita por Irmão Charles na imitação da vida de Jesus em Nazaré foi uma caminhada de interiorização progressiva: tanto na vida trapista, marcada pelo ideal de Nazaré, e depois em querer viver na própria aldeia de Nazaré, como no período saariano, durante o qual se dedicou sem medida ao apostolado, permanecendo fiel aos valores de Nazaré que descobrira nos caminhos que o Espírito o fizera percorrer durante toda a vida. Não mais a condição de vida de Nazaré enquanto reprodução literal da condição de Jesus durante sua vida oculta, mas Nazaré enquanto característica da vida de Jesus: vida de pobreza e de disponibilidade a todos; vida de último lugar, de inserção na vida de tudo o que é humano, pobremente humano; a vida de Nazaré enquanto transposição admirável, em ações comuns e diárias, do grande ato da cruz. Nazaré não é mais um lugar nem mais uma imitação de Jesus Cristo a todo custo, mas é um deixar-se invadir por Jesus; deixar-se cada vez mais viver em si mesmo o mistério da Encarnação, para que os pobres, os abandonados, possam conhecê-lo e ser salvos. Chegou a viver em plenitude o mistério de Nazaré, que o

Espírito Santo lhe havia sugerido e confiado, buscando sempre o último lugar, descendo todos os degraus da escala social por amor e imitação do seu "Bem-amado irmão e Senhor Jesus". "Rebaixar-se", escrevera ele quando estava deixando a Trapa. Escreverá isso a pouquíssimos meses da morte, mas agora lhe deu um corpo com sua experiência. Sua morte será verdadeiramente o último degrau para o último lugar, um sepultamento por amor do seu *Bem-amado*. Como Jesus Cristo, também Irmão Charles se fez Eucaristia por seus irmãos: a imagem mais sugestiva será a hóstia que os militares, quando foram constatar sua morte, encontraram escondida na areia, entre as folhas do seu dicionário.

AS SETE CARACTERÍSTICAS DA VIDA DE NAZARÉ

Para concluir, é interessante ver como Irmão Charles, ao chegar à Terra Santa, concretiza essa sua imitação da *kenosis* de Jesus com sete características:

> Eu tinha notado na vida oculta de Nosso Senhor sete características que busco imitar particularmente na minha vida... são a castidade, a pobreza, a obediência, a abjeção, a solidão, a penitência, o trabalho manual.[5]

Como sempre, sua imitação é uma imitação interior e exterior, de coração e de vida.

1. Nazaré é viver a castidade. Não é apenas renunciar às relações íntimas, mas é, sobretudo, doar-se de alma e corpo a Deus, que se torna o Absoluto da vida, e, portanto, por graça, renunciar a tudo e a todos. É um pacto de amor com ele: "Deus nos ama, Deus nos amou ontem, ama-nos hoje, nos

---

[5] C. DE FOUCAULD, *Voyageur*, p. 54-56.

amará amanhã. Deus nos ama a todo instante da nossa vida terrena e nos amará durante a eternidade, se não recusarmos seu amor. Ele nos pede amor em troca de amor".

2. Nazaré é imitar a abjeção de Jesus. O que significa isso? Uma pessoa abjeta é digna do maior desprezo e inspira uma violenta rejeição. Charles de Foucauld utilizará esta palavra para qualificar o trabalho de Jesus. Abraçar voluntariamente a abjeção é querer buscar a humilhação, que é, a seus olhos, o caminho mais direto para adquirir a humildade e, portanto, imitar a Cristo e ser como ele, o último dos homens: "Quanto mais desço, mais estarei com Jesus". Por isso, buscar a abjeção não é masoquismo, mas um ato de amor para imitar, assemelhar-se sempre mais a Jesus. Uma abjeção que exteriormente se manifesta "nos pensamentos, nas palavras, nas ações, na roupa, na moradia, nas ocupações, na comida, nas companhias, em tudo, para passar o maior tempo possível aos seus pés com a alma, o coração e o espírito repletos dele". Tinha experimentado tudo isso durante a exploração do Marrocos e ao apresentar-se vestido como um vagabundo às Clarissas de Nazaré. Queria estar vestido como um operário e passar despercebido, mas obteve o efeito contrário... As Clarissas, conhecendo sua verdadeira identidade, o cercam com uma reputação de santidade que vai crescendo cada dia mais, tanto que ele chega a pensar em deixar as Clarissas para esconder-se no monte das Bem-aventuranças.

3. Nazaré é trabalho manual. Quer trabalhar oito horas por dia exercendo trabalho manual para, também nisso, imitar Jesus: "Trabalha bastante para ganhar o pão de cada dia, mas menos que os outros operários... porque tem menos necessidades materiais e mais necessidades espirituais; portanto, deve dar tempo à oração, à meditação, à leitura, assim como se fazia na santa casa de Nazaré". O trabalho de operário varia em sua vida: na Trapa, era o trabalho nos campos;

em Nazaré, os trabalhos para a Clarissas e a sacristia, pintar imagens; no Saara, era o dicionário...

4. Nazaré é pobreza. Sua pobreza consiste em uma grande espoliação pessoal, um desprendimento interior de tudo, exceto da contemplação. "Apegar-me sempre mais à santa pobreza, praticá-la como Nosso Senhor em Nazaré. Aceitava da Santa Virgem a comida e a roupa que lhe eram necessárias para a saúde; aceitava roupa limpa, mas pobre como as dos últimos dos operários. Aceitar aquilo que é necessário para o bem da minha alma... cartas, livros, óleo para a lamparina, selos, e pedir só se precise para o bem da minha alma, bem como para minha saúde." Portanto, além da pobreza material, há a pobreza espiritual, aquela pobreza de espírito da qual falam as Bem-aventuranças.

5. Nazaré é obediência. Meditando a vida de Jesus na vida de família em Nazaré, afirma que, acima de tudo, Jesus devia obedecer ao Pai (perdido no templo!) e depois a seus genitores, em particular a Virgem, em tudo aquilo que não fosse contra a vontade do Pai. No seu desejo de imitação, Charles de Foucauld conclui que também ele é sujeito a essa dúplice obediência: é submisso à Vontade de Deus, que se manifesta mediante o Diretor espiritual; depois, obediência às pessoas com as quais vive: as Clarissas de Nazaré e Jerusalém, seu bispo Mons. Bonnet, seu Prefeito Apostólico Mons. Guérin, o General Laperrine etc.

6. Nazaré é penitência. Penitência que, sobretudo no início, na Trapa e em Nazaré, é feita de jejum e vigílias (aprende isso com os Padres do deserto e na vida trapista), e depois de mortificações, sacrifícios, penitência; certo, assim, de participar na obra da redenção de Jesus. Mais uma vez, esta é uma expressão do seu amor por Jesus, a prova que quer dar a Deus de que o ama verdadeiramente: "Desejar o sofrimento

para lhe dar amor por amor, para imitá-lo e não ser coroado de rosas quando ele foi coroado de espinhos; para expiar meus pecados que ele expiou tão dolorosamente na cruz; para entrar na sua obra e oferecer-me com ele em sacrifício, como vítima pela santificação dos homens".

7. Nazaré é solidão. Não é fuga da companhia das pessoas, mas capacidade de estar sozinho em companhia de Deus, irmãozinho de Jesus, todo voltado para o Pai, em uma contínua adoração, intercessão e contemplação. Não há Nazaré sem este ponto fundamental, pois "quando se ama se olha sem parar aquele que amamos, e considera-se como bem utilizado o tempo passado a contemplar e como tempo perdido todo o resto do tempo. Só este tempo conta, existe... Enraíza-te em mim, perde-te em mim, imerge-te no meu amor". Por isso passa noites e dias diante do Santíssimo Sacramento...

Nazaré é também ter consciência do profundo valor da nossa vida cotidiana, modesta, humilde, sem grandes coisas, mas importante aos olhos do Senhor. Este nos leva a descobrir o valor escondido do amor, da oferta de nós mesmos, do sacrifício aceito em união com Jesus para a salvação do mundo, por toda a humanidade, ínsito em nosso trabalho, na nossa vida cotidiana.

Terminamos com um pensamento de Jean Vanier, que parece resumir bem o espírito de Nazaré:

> O amor não é fazer coisas extraordinárias, heroicas, mas fazer as coisas comuns com ternura. Acho maravilhoso que Jesus tenha vivido por trinta anos a vida oculta em Nazaré com Maria, sua mãe, e José. Ninguém o reconheceu como Cristo, o Filho de Deus. Viveu humildemente as bem-aventuranças, viveu a família e a vida comunitária, foi carpinteiro, viveu a vida de cada dia com a comunidade judaica de Nazaré no amor ao Pai.

4

EUCARISTIA E EVANGELHO

*Ler e reler incessantemente o santo Evangelho
para ter sempre em mente os atos, as palavras,
os pensamentos de Jesus, a fim de pensar, falar,
agir como Jesus, de seguir os exemplos e os
ensinamentos de Jesus. [A religião católica]
transforma esta vida terrena
em uma existência celeste, dando-lhes [às pessoas]
a Santa Eucaristia, isto é, o próprio Deus
que se une a elas de maneira inefável.*
(Charles de Foucauld)

Dentro do carisma de Nazaré, há uma ulterior especificação que torna Nazaré viva e atual: o Evangelho e a Eucaristia. Para Charles de Foucauld, ambos devem levar à conformidade, à configuração com Jesus; ser *conforme* quer dizer assumir de alguma maneira o mesmo rosto, assemelhar-se, de modo profundo, interior e exteriormente, ao "bem-amado Irmão e Senhor", até se tornar Evangelho vivo e Eucaristia para seus irmãos tuaregues e do mundo inteiro.

Antes da conversão, o Evangelho e a Eucaristia não foram um texto e um lugar frequentados por Irmão Charles, mas se tornaram no momento exato de sua conversão. Abbé Huvelin o convida a comungar em seguida: "Mandou que eu me ajoelhasse e me confessasse e me convidou a comungar imediatamente". E ainda, ao descrever sua conversão a H. de Castries, escreve: "O Evangelho mostrou-me que 'o primeiro mandamento é amar a Deus com todo o coração' e que era preciso encerrar tudo no amor". Evangelho e Eucaristia permanecerão sendo um eixo seguro e sempre frequentado por ele ao longo de toda sua vida.

É fácil imaginar Charles de Foucauld inteiramente arrebatado diante da hóstia, extasiado, aos pés do tabernáculo, tendo nas mãos o Evangelho e um caderno no qual anota tudo o que vai meditando, de tarde, depois de um dia de trabalho:

> Faço com profunda humildade esta leitura da Bíblia, com o desejo de lê-la do começo ao fim, unicamente visando a Deus, para melhor conhecê-lo, amá-lo, servi-lo; pobre doméstico em Nazaré, farei estas leituras o máximo de vezes possível diante do divino tabernáculo, no fim do dia... quando, acabado o trabalho, não tenho outra coisa a fazer senão descansar aos seus pés, adorando-o no recolhimento das horas quietas do anoitecer.[1]

Evangelho e Eucaristia foram os dois pilares da sua vida. O exemplo clássico nos é dado em 1907. Tendo despedido Paul – um jovem escravo que ele resgatou –, não tem mais um assistente à missa e, portanto, não pode mais celebrá-la. Recebe autorização para celebrar sem assistente em 21 de janeiro de 1908, mas na mesma carta Mons. Guérin o informa que não pode ter a reserva eucarística exatamente por estar sozinho. Podemos imaginar o grande sacrifício que lhe custa; ele, que queria fundar um instituto que adorasse a Eucaristia dia e noite e que via a Eucaristia irradiar em torno de si a caridade de Jesus e tornar-se fonte de santificação e

---

[1] C. DE FOUCAULD, *Qui peut résister à Dieu*, p. 243.

de salvação para todos os vizinhos, assim como no passado a presença oculta de Jesus em Nazaré fora fonte de santificação para seus concidadãos. Será autorizado a ter a Eucaristia no tabernáculo em 8 de julho de 1914; retomará suas adorações, mas provará a *noite escura* da aridez.

1. A EUCARISTIA

Como sempre, Irmão Charles não analisa como teólogo o que é a Eucaristia, mas ela é um fundamento na sua vida; desde o dia de sua conversão, é para ele o que concretizou, tornou vivo e real seu encontro com Jesus. É o mistério da encarnação que continua presente na Eucaristia.

Toda a fidelidade do amor de Irmão Charles pelo seu "bem-amado Irmão e Senhor" Jesus exprime-se em longas horas passadas aos pés de Jesus, de dia e, frequentemente, de noite, especialmente no período de Nazaré:

> Às duas da manhã. Como és bom, meu Deus, por me teres despertado! Ainda há mais de seis horas para não fazer outra coisa senão te contemplar, para estar aos teus pés e para não dizer outra coisa senão que te amo. Como sou feliz!... Mas... não é apenas nestas seis horas que não tenho nada a fazer senão estar aos teus pés e adorar-te... é a toda hora e todos os dias da minha vida; é em todos os instantes da minha vida que sou feliz, que sou tão divinamente feliz.[2]

A Eucaristia, portanto, impregnou-se ainda mais em sua oração. Ela foi o instrumento para uni-lo o mais estreitamente possível a Jesus, como o esposo a sua esposa. Sabe que,

---

[2] C. DE FOUCAULD, *Considerations*, p. 435.

recebendo a comunhão, "se une intimamente a Nosso Senhor Jesus... Comungar, tocar Jesus com a própria boca, recebê-lo em si, é dar-lhe um beijo, esposá-lo, unir-se inefavelmente a ele", porque na Eucaristia "[Ele] não está mais em imagem, mas na realidade; ali está todo nosso Bem, nosso Amor, nossa Vida, nosso Tudo, nossa Paz, nossa Bem-aventurança: aí está todo nosso coração e toda nossa alma, nosso tempo e nossa eternidade, nosso Tudo".[3]

Para Irmão Charles, a Eucaristia não é uma "devoção" mais ou menos facultativa, mas verdadeiramente o lugar onde atingir a força para configurar sua vida à de Jesus, que deu sua vida em resgate pela multidão. É o lugar no qual sua oração se une totalmente com a de Jesus. Por isso, na Trapa, quando tem a primeira ideia de fundar uma nova congregação, coloca como finalidade viver uma vida pobre, feita de trabalho, aos pés da Eucaristia. Vida que porá em prática em Nazaré, onde passa longas horas diante do Santíssimo Sacramento: "Enquanto me é possível, fico diante do Santíssimo Sacramento: Jesus está lá... e eu me imagino estar em companhia dos seus santos pais, ou sentado aos seus pés, como Madalena em Betânia".[4] Horas que passa "aos pés de Jesus [...] procurando olhar para ele sem me cansar", mas que nem sempre são suaves, porque experimenta a aridez, a incapacidade de orar, o vazio interior; tanto é verdade que seu diretor espiritual lhe escreve: "O amor de Deus floresce no meio das nossas misérias [...]. Não se inquiete na aridez, aguarde a hora de Deus...".[5]

Sempre em Nazaré, descobre que a Eucaristia não é apenas o sacramento da presença viva, verdadeira e real de Jesus

---

[3] C. DE FOUCAULD, *Bondy*, p. 109.
[4] C. DE FOUCAULD, *Huvelin*, p. 123.
[5] Ibid., p. 185.

no meio de nós, como também o sacramento do sacrifício da cruz; é o memorial de Jesus, que entrega sua vida pela salvação da humanidade, e um apelo para entrar nesse sacrifício, levando o sacrifício eucarístico entre os povos mais abandonados, para obter para eles a santificação, a salvação. É nesse momento que aceita a ideia, tantas vezes rejeitada, de ser padre, porque: "É através da missa que Ele se oferece em sacrifício a Deus. A missa é o sacrifício do corpo e sangue de Nosso Senhor Jesus, oferecido a Deus sob as espécies do pão e do vinho, graças ao ministério dos sacerdotes".

Ao chegar ao Saara, continua sua "relação" com a Eucaristia. Em 16 de dezembro de 1905, tranquiliza a prima, Madame de Bondy: "Não sofro nem um pouco com esta solidão, mas a acho muito suave: tenho o Santíssimo Sacramento, o melhor dos amigos, ao qual falar dia e noite".[6] Atravessou todas as peripécias que conhecemos a respeito da celebração eucarística – como já recordamos, em 1907, tendo ficado sozinho, não pôde mais celebrar nem ter a reserva eucarística –, e fez mais uma descoberta do significado da Eucaristia: passa do *sacramento do altar* para o *sacramento do irmão*, para o *sacramento do pobre*. Compreende que a Eucaristia não é fim em si mesma, ela deve levá-lo ao serviço dos irmãos; percebe que o serviço eucarístico e o serviço aos "pequenos" é um culto único do Corpo de Cristo. A intimidade amorosa aos pés do Bem-amado e as longas horas de adoração silenciosa o impelem a sair em direção aos "mais pequenos" dos seus irmãos. Dá testemunho disso alguns meses antes de morrer, quando escreve, quase como um testamento:

> Não há, creio, nenhuma palavra do Evangelho que tenha feito sobre mim uma impressão mais profunda e

---

[6] C. DE FOUCAULD, *Bondy*, p. 146.

transformado tanto a minha vida do que esta: "Tudo o que fazeis a um destes pequeninos, é a mim que fazeis". Se pensarmos que estas são as palavras da Verdade incriada, palavras da boca que disse "isto é o meu corpo, isto é o meu sangue", com que força somos levados a buscar e amar Jesus nestes "pequenos", nestes pecadores, nestes pobres.[7]

A Eucaristia não como simples culto, mas sim como forma de vida, como estilo de vida aprendido e vivido daquele que se fez Eucaristia. Por isso, para Irmão Charles a Eucaristia se torna a forma das formas da sua vida, ou seja, uma vida oferecida a Deus e aos homens à imagem de Jesus.

Essa orientação caracterizou decisivamente sua existência e suas escolhas. Da Eucaristia aprende a tornar-se um irmãozinho universal, pequeníssimo e acessível. É exatamente assim que vive em Beni Abbes, em Tamanrasset, doando-se a todos, sem nunca fazer esperar aqueles que o procuram. Ou seja, Irmão Charles encontra aquele que seu coração ama sob o signo dos pobres. Intui que, quando deixa o tabernáculo para estar disponível para acolher um pobre, não deixa Jesus: ele vem a nós sob outra presença. Nesse sentido, entendemos sua vivência entre os tuaregues sem poder celebrar a missa e adorar o Senhor na Eucaristia. Intui que a Eucaristia não é apenas a presença real daquele que se deu para ser contemplado, comido e oferecido, como também daquele que se entregou livremente em sacrifício para a salvação de muitos irmãos. Então, rezar quer dizer unir-se profundamente ao sacrifício eucarístico e dar sua vida com Jesus e como Jesus. Sua morte, na tarde de 1º de dezembro de 1916, terá algo de eucarístico, no sangue derramado em união com o Sacrifício

---

[7] J.-F. Six, *L'aventure*, p. 210.

de Jesus. Não terá outra coisa a oferecer senão sua vida; por isso, podemos dizer que esteve entre os tuaregues como verdadeira testemunha do amor de Deus, de maneira humilde e escondida no dom de si, à maneira eucarística.

Concluímos, então, que a adoração e a celebração eucarística foram determinantes na vida de Charles de Foucauld. Não há dúvida de que a celebração da missa tenha contribuído para reforçar nele o impulso do amor por Jesus, o qual exprimiu algumas semanas depois de sua ordenação sacerdotal, em uma carta a Pe. Jérôme: "Amemos Jesus, percamo-nos diante do Santíssimo Sacramento: aí está o Todo, o Infinito, Deus [...]. Oh, se pudéssemos perder-nos e afundar-nos, até à morte, no oceano do amor do nosso Bem-amado Jesus!".[8] Entre tantos testemunhos, citemos o do capitão Lehureaux: "Tive oportunidade de assistir à sua missa; tive a impressão de ter diante de mim um homem para o qual nada do que está sobre a Terra existia mais e que estava incorporado com seu Deus".[9]

Um texto ulterior de Irmão Charles, escrito sob a forma de exortação, tirado do cap. IX do *Regulamento para os Irmãozinhos e Irmãzinhas*, nos ajuda a refletir sobre o valor do mistério eucarístico celebrado e adorado:

> Supliquemos ao nosso bem-amado Senhor Jesus, sob os nossos olhos da Santa Hóstia exposta, que nos faça a graça de celebrar, de servir, de escutar o menos indignamente possível o divino sacrifício... É ele mesmo que vem sobre o altar, tão real quanto esteve na manjedoura: é ele mesmo, Deus e homem, corpo e alma, que se oferece a Deus como vítima para sua glória e nossa

---

[8] C. DE FOUCAULD, *Dernière place*, p. 241.
[9] *Positio*, p. 256.

salvação, tão real quanto ele se ofereceu no Calvário; é ele mesmo que toca as mãos do padre, tão real quanto o tocaram as mãos da Santíssima Virgem... Supliquemos a Santíssima Virgem, São José, Santa Madalena, de nos pormos aos seus pés como estiveram em Belém e no Calvário... Supliquemos a Nosso Senhor Jesus que crie em nós um coração novo, "um coração de carne no lugar do nosso coração de pedra", um coração ardente como o dele, para nos aproximarmos, escutando, servindo, oferecendo o divino sacrifício, com algo do amor infinito que lhe devemos!... "Eis o Esposo que vem!... *Sic Deus dilexit*".[10]

A Eucaristia não é mais considerada como simples culto, mas sim como uma forma de vida, um estilo de vida aprendido e vivido por aquele que se fez Eucaristia.

2. O EVANGELHO

Ao lado da presença viva e real de Jesus na Eucaristia, Irmão Charles põe a Palavra de Deus, especialmente o Evangelho. Essa certeza da presença de Deus na Palavra leva Irmão Charles a tecer com a Palavra o mesmo tipo de relação que vive com a Eucaristia. No Santíssimo Sacramento, vê Jesus presente a alguns metros de distância e o sente profundamente íntimo consigo, quando recebe a Sagrada Comunhão. Análoga intimidade ele vive com a Palavra, chegando a afirmar nos *Regulamentos dos Irmãozinhos do Sagrado Coração* – cinquenta anos antes do Concílio! – a inseparável ligação entre estas duas formas de presença do Senhor, também por meio da descrição de um detalhe significativo da capela.

---

[10] C. DE FOUCAULD, *Règlements et Directoire*, p. 147-148.

Escreve: "Para venerar a Palavra de Deus, temos perpetuamente este livro, nosso tesouro, no santuário, próximo do Santíssimo Sacramento, sob os raios da lâmpada do tabernáculo que queima diante do corpo do nosso Deus e diante da Palavra sagrada".[11] A mesma lâmpada, os mesmos raios de luz para a Eucaristia e para os livros sagrados, porque é a mesma única presença; são as duas mesas da Palavra e do Pão de que fala o encontro de Emaús e retomadas depois, como já dizíamos, pelo Concílio Vaticano II.

Desde a conversão, passando pela Trapa, mas, sobretudo, nos três anos em Nazaré, o Evangelho foi sempre para ele um dos lugares privilegiados do seu encontro com Jesus. Exatamente porque tenciona imitar Jesus de Nazaré, Irmão Charles escruta cada dia, sistematicamente, as páginas que falam do Senhor:

> É a tua Palavra, meu Deus, a Palavra do esposo, do noivo, do bem-amado, a Palavra da qual se beija cada letra... E para cúmulo da felicidade nesta Palavra o bem-amado me fala de si, representa-se, pinta-se, mostra-se, revela-me seus segredos, diz-me o que espera de mim, o que quer que eu faça, como posso agradá-lo, ser grato a ele, servi-lo, glorificá-lo, consolá-lo, como deseja que eu faça cada coisa; nela, pinta-me seu coração, sua alma, seus sentimentos, me conta as suas ações e me diz: "Segue-o, segue meus exemplos...".[12]

Para Charles, ler o Evangelho não é, portanto, uma das tantas práticas do dia, mas um momento especial, o momento do encontro do noivo com a noiva, do esposo com a esposa.

---

[11] Ibid., p. 165.
[12] C. DE FOUCAULD, *Qui peut résister à Dieu*, p. 49.

Olhando continuamente para Jesus, imitando-o fielmente, dá-se conta de que, pouco a pouco, aprende a amar como ele ao Pai e às pessoas, a pensar como ele, a agir como ele.

É essa relação que torna vivo o Evangelho. Pierangelo Sequeri, no congresso de Bose em 2002, sustenta que a grandeza de Charles de Foucauld, em relação ao Evangelho, consiste no fato de que ele descobriu que o Evangelho não é simplesmente a *história* do Filho de Deus que se fez homem, mas o *instrumento* da relação pessoal com o próprio Jesus. Uma relação "direta, integral, fundante, não instrumental", que nutre e sustenta sua "fé teologal e sua conformação cristocêntrica". Mons. Sequeri confirma que "na escritura evangélica o Senhor mesmo fala e escuta: Irmão Charles o transcreve e lhe escreve. A relação com as Escrituras é simplesmente vivida e praticada como *a forma própria da relação interlocutória com o Senhor*. Esse costume interlocutório com o Senhor é vivido na realidade efetiva de uma coabitação com Jesus, do qual a vida de Nazaré é o ícone".[13]

Em Nazaré, Jesus já é Salvador e reconhece e ama todos como irmãos, embora ainda não seja reconhecido como salvador. Será preciso esperar a vida pública e a realização do mistério pascal para que isso aconteça. Exatamente em Nazaré, frequentando os evangelhos, ele conhece um novo rosto de Jesus: tem a possibilidade de conhecer de modo aprofundado os motivos pelos quais veio ao mundo, de deter-se sobre o significado do seu ser Filho de Deus, sobre as características da sua proposta de salvação. Frequentando continuamente os evangelhos, Charles de Foucauld descobre o rosto de Jesus morto e ressuscitado, o rosto de Jesus realmente presente na Eucaristia, o rosto de Jesus realmente

---

[13] P. Sequeri, La cristologia "vissuta" di Charles de Foucauld. In: H. Teissier et al., *Charles de Foucauld. L'eloquenza di una vita secondo l'evangelo*, p. 85-86.

presente na sua Palavra evangélica. Então, revê e requalifica também sua ideia de imitação de Jesus. O motivo que o tinha conduzido a Nazaré muda de perspectiva, muda de qualidade. Nazaré, de fato, não é, sobretudo, o lugar geográfico, embora não se prescinda disso; não é, sobretudo, o momento preparatório da missão pública de Jesus, mas é a própria vida de Jesus; não é simplesmente a situação histórica de Jesus, mas já é mistério de salvação para toda a humanidade. Daí nasce sua vocação para a evangelização do Marrocos e depois do Saara.

Além disso, essa leitura assídua e contínua do Evangelho lhe inspira o retrato de Jesus que nos deixa no "Modelo Único",[14] o único livro que destina à publicação. Retomará esse opúsculo também no Saara e, ademais, decidirá inseri-lo como introdução no texto das regras para os Irmãozinhos, as Irmãzinhas, os Irmãos e as Irmãs do Sagrado Coração de Jesus. O "Modelo Único" é esse Jesus, composto exclusivamente de perícopes evangélicas, cerca de 350 versículos tirados dos quatro evangelhos, reunidos em torno das virtudes que Charles de Foucauld chama de principais virtudes evangélicas ensinadas por Jesus, para dar significado a sua pessoa. Esse *retrato* de Jesus será para ele como um espelho, no qual se refletirá para encontrar um pouco os traços do próprio rosto nos do rosto de Jesus. É, portanto, a Palavra do Evangelho como texto a ser lido, relido, apreendido e impregnado, para se aprender a viver à imitação de Jesus. Uma palavra que não é óbvia, mesmo que repetidamente ouvida, mas sempre viva e sempre nova; uma palavra escutada e reescutada, até que se encarne em nós, até se tornar nossa nova linguagem de vida, estilo de vida: uma vida evangélica!

---

[14] C. DE FOUCAULD, *Règlements et Diretoire*, p. 603-613.

Sabemos que essa sua relação de amor lhe foi transmitida por Abbé Huvelin, que o pôs em contato com Jesus presente nos evangelhos e durante toda a vida lhe recomendou que não deixasse essa fonte genuína e límpida: "Não renuncies nunca ao Evangelho e à Escritura; trata-se do alimento essencial; portanto, não o reduzas por nenhum motivo". Para ajudá-lo, diz para ele escrever as suas meditações. No cotidiano, o Evangelho é para Irmão Charles aquela luz que se mantém acesa, que lhe permite amar não com palavras, mas com fatos; assim, ele alcança aquilo que São João diz com tanta ênfase sobre essa ligação indispensável entre conhecimento de Deus e amor vivido. Essa exigência de meditar por escrito corresponde ao primeiro período da sua vida e depois desaparece, mas não totalmente, quando o encontro com Deus não necessita mais dos discursos da razão ou da reflexão, mas unicamente de uma abertura e de um acolhimento pronto e fiel.

O método que transmite a Louis Massignon, conhecido islamista e orientalista, amigo e discípulo de Irmão Charles, é o mesmo que Abbé Huvelin lhe ensinou:

> Encontre tempo para ler cada dia algumas linhas dos santos evangelhos, sempre uma após a outra, de modo que, em certo período de tempo, adquira uma visão integral dele e, depois da leitura (a qual não deve ser excessivamente prolongada: dez, quinze, vinte linhas, no máximo meio capítulo), medite alguns minutos, mentalmente ou por escrito, sobre os ensinamentos contidos na sua leitura. Busque impregnar-se do espírito de Jesus, lendo e relendo, meditando e meditando de novo, sem interrupção, as suas palavras e os seus exemplos, a fim de que ajam sobre nossas almas como a gota d'água que cai e recai sobre uma laje de pedra que nunca se desloca.[15]

---

[15] J.-F. Six, *L'aventure*, p. 166.

O fluir de tal meditação é simples e espontâneo, o método sugerido pelo amor. É o Filho de Deus que ele busca na Sagrada Escritura, desejoso de vislumbrar seus pensamentos, desejos, preocupações, oração, comportamento, para conformar-se em tudo a ele. Assim que ouve a Palavra, a prefere a tudo e busca pô-la em prática, fazer com que entre na vida. Não se trata de uma meditação abstrata, mas de um olhar cheio de amor que precisa traduzir-se em atos, exprimir-se na vida cotidiana. É o caminho próprio de Foucauld.

Seguindo esse caminho, tentemos uma reflexão que nos parece interessante, mesmo se hoje, com a renovação bíblica, disponhamos de instrumentos de trabalho melhores do que os dele. Creiamos, porém, que seu ensinamento permanece sempre válido e atuante para nós, para nos fazer descobrir que não basta ler e meditar o Evangelho, mas também estabelecer uma relação de amor com Jesus.[16]

Lembremos que no método utilizado por Irmão Charles não nos encontramos diante de um modo assimilável à *Lectio divina*, nem estamos diante de uma leitura científica e exegética. Ele quer rastrear na Palavra indicações de vida prática que o acompanhem e ajudem na caminhada de assimilação a Jesus, isto é, quer imitar o divino modelo. Irmão Charles, de fato, busca nos livros sagrados respostas às perguntas que sempre o acompanharam ao longo da sua vida: "O que devo fazer?", "Qual a vontade de Jesus para mim hoje?". A sua busca intelectual, as leituras feitas durante a juventude, o tinham desiludido profundamente; Jesus, porém, o transtorna, o agarra e muda sua vida.

Ler e meditar os exemplos da vida de Jesus é para Irmão Charles a regra exegética das Sagradas Escrituras. Jesus é o

---

[16] Cf. A. Fraccaro, *Charles de Foucauld e i Vangeli*, Milano, Ed. Glossa, 2014, p. 67-191.

melhor comentário às suas palavras: "Recordar-se que a grande regra de interpretação das palavras de Jesus é seu exemplo. Ele mesmo é o comentário às suas palavras". Este, portanto, é o método de leitura de Irmão Charles: ter o olhar fixo em Jesus para vê-lo viver e assim entender sua palavra, sua mensagem, para vivê-la nas circunstâncias particulares da sua vida. Assemelhar-se a ele a tal ponto a se tornar *alter Christus* e fazer da própria vida um Evangelho vivo. Deixa de herança aos seus futuros discípulos esta recomendação: "[Sejam] modelos de vida evangélica, fazendo ver o Evangelho em suas vidas, sendo evangelhos vivos, a fim de que, vendo-os, se saiba o que é a vida cristã, o que é o Evangelho, quem é Jesus".[17]

Charles de Foucauld é um homem do Evangelho, que fez do Evangelho, do Senhor Jesus, o estilo da sua vida, seu estável e convicto modo de ser, de agir, de falar, de pensar. Então, eis aqui o esplêndido convite:

> Acolhamos o Evangelho. É por meio do Evangelho, segundo o Evangelho, que seremos julgados... não segundo este ou aquele livro deste ou daquele mestre espiritual, deste ou daquele doutor, deste ou daquele santo, mas segundo o Evangelho de Jesus, segundo as palavras de Jesus, os exemplos de Jesus, os conselhos de Jesus, os ensinamentos de Jesus...[18]

Jesus não só é o exegeta perfeito das Sagradas Escrituras como também a força para que o Evangelho seja operante, vivo, em nossa vida. Resta-nos, então, um compromisso:

> Recebamos com amor este favor de amor, escutando com amor, com atenção, esta Palavra, esforçando-nos

---

[17] C. DE FOUCAULD, *Règlements et Directoire*, p. 647.
[18] C. DE FOUCAULD, *L'imitation*, p. 204.

para não perder nada, buscando compreendê-la bem, amando-a, desejando-a, não estando nunca saciados, tendo sempre sede dela, esculpindo-a na nossa memória, conservando-a como um tesouro, repassando-a no nosso espírito, servindo-nos dela como de uma direção para toda nossa vida, tomando-a como guia em todos nossos pensamentos, palavras e ações, com um reconhecimento, um respeito, uma felicidade que se mede sobre nosso amor; escutemos assim, escutemos assim com amor estas palavras caras e benditas, cada palavra da sagrada Escritura, aquilo que o Bem-amado nos diz de si! [...] Façamos a cada palavra dos Livros sagrados, no fundo do nosso coração, a acolhida amorosa da esposa que ouve a voz do Esposo: "A minha alma se dissolveu em mim quando falou"... Tudo isso está contido no amor, tudo isso são outros tantos sinais de amor... Demos à palavra do Bem-amado todos estes sinais de amor, todo este amor cada vez que ela ecoa em nossos ouvidos! É um dever, um dever peremptório, o amor o exige absolutamente.[19]

Podemos concluir tomando emprestada uma expressão cara a Madeleine Delbrêl:[20] "O Evangelho é nosso *savoir-vivre* e nosso *savoir-faire*". O Evangelho não como estudo de uma lei, mas como encontro com Jesus para conhecer seus desejos, para dialogar com ele e para que ele nos indique como "agradá-lo, ser-lhe gratos, servi-lo, glorificá-lo, consolá-lo, como deseja que se faça cada coisa". Como fraternidade e como discípulos individuais, cada dia nos encontramos para pôr-nos aos pés de Jesus na escuta do seu Evangelho, uma

---

[19] C. DE FOUCAULD, *Commentaire*, p. 18-19.
[20] Cf. B. PITAUD, *Madeleine Delbrêl, disciple de Charles de Foucauld*, Salvador, Paris, 2019.

escuta amorosa e cumulada de confiança, e pelo Evangelho deixar-se formar, plasmar, transformar, assimilar-se. Pelo Evangelho, toma forma a vida da fraternidade e do discípulo, com suas modalidades, seus critérios, seus julgamentos e seus valores; à luz do Evangelho colhemos a interpretação de todos os aspectos da existência, e isso não só nas grandes escolhas da vida como também nas pequeníssimas, nas da vida comum, até ser conformes em tudo ao *Divino Modelo*, ao *bem-amado Senhor e Irmão Jesus*. Daí nasce todo o amor pelo Senhor, para ser fiéis a ele, para conformar-se a ele, para viver com ele, nele e por ele, e, ao mesmo tempo, para acolhê-lo continuamente em nós, em nossa vida. Só uma comunidade cristã aberta e atenta ao Evangelho do seu Senhor pode acolher em si seu Espírito, deixar-se guiar por ele, até se tornar "memória" de Jesus. Tudo está contido aqui: no ser como Jesus, no fazer memória de Jesus, no tornar-se memória de Jesus.

5

VISITAÇÃO

O meu ideal: imitar a Santa Virgem no mistério
da Visitação, trazendo como ela, em silêncio,
Jesus e a prática das virtudes evangélicas,
não por Santa Isabel, mas entre os povos infiéis,
a fim de santificar esses desafortunados filhos de Deus
com a presença da Santa Eucaristia
e o exemplo das virtudes cristãs.

(Charles de Foucauld)

Ao chegar ao convento das Clarissas, onde consegue alojar-se como doméstico, morando em uma cabana de tábuas, Charles de Foucauld está mais do que nunca decidido a ficar em Nazaré na condição de "operário, filho de Maria", buscando imitar a vida oculta de Jesus em um trabalho humilde, na obscuridade, na oração, na humildade interior e exterior, escondido em Deus com Jesus. Uma vida de Nazaré, portanto, que conserva o mesmo sabor monástico, onde a clausura transforma-se em solidão e o convento torna-se a vida vivida com a Sagrada Família de Nazaré, na qual se sente acolhido e vive como irmãozinho de Jesus. É feliz por estar em Nazaré porque

o bom Deus me fez encontrar aqui, do modo mais perfeitamente possível, aquilo que buscava: pobreza, solidão,
abjeção, trabalho humilde, obscuridade completa, imi-

tação mais perfeita possível da vida que foi a de Nosso Senhor Jesus nesta mesma Nazaré. Aqui abracei a existência humilde e obscura de Deus, operário de Nazaré.[1]

Exatamente a meditação do mistério da Visitação provoca nele uma nova evolução em viver o mistério de Nazaré. No retiro feito em Nazaré, em 1897, Irmão Charles faz uma primeira e longa meditação sobre Lucas 1,39: "Naqueles dias, Maria partiu sem demora para uma cidade na região montanhosa de Judá". Ali descobre que Jesus é salvador antes mesmo de nascer, porque, de modo não visível e, portanto, "escondido", com sua simples presença, santifica João Batista:

> Como sois bom, meu Deus!... Apenas [entrastes] neste mundo e já começais a santificá-lo; santificais, primeiro, algumas pessoas e depois, pouco a pouco, a vossa luz se expande a todos. Com a encarnação, santificastes Maria; com a Visitação, santificais São João e sua família; no Natal, santificareis os pastores e os magos; na apresentação, santificareis Simeão e Ana; entre os doutores, santificareis aqueles entre eles que não rejeitam a graça que sai de vós...
> Sois vós que ides a João, antecipais aos vossos servidores, como diz Santa Isabel à Santa Virgem. "Fui eu que vos escolhi. Não fostes vós que me escolhestes", dirá mais tarde; é verdadeiro para todos os homens, para São João, o maior entre eles, e para mim, o último dos pecadores. Oh, meu Deus, como sois bom! Como me buscastes! Sois vós que me buscastes, escolhestes, e não eu que vos escolhi e busquei![2]

---

[1] C. DE FOUCAULD, *Contemplation*, p. 161.
[2] C. DE FOUCAULD, *La bonté de Dieu*, p. 211.

Charles reconhece, acima de tudo, a bondade de Deus, que o "buscou, escolheu e elegeu" e continua nele sua história da salvação. Depois reconhece que o instrumento dessa eleição foi para ele a prima Maria:

> Como sois divinamente bom e com que terna gratidão deverei ser cumulado, quando penso na maneira com a qual, Bom Pastor, viestes carregado por outra Maria, superando todos os obstáculos como superastes todos os montes e vales de Israel, e me santificastes gratuitamente, fazendo tudo por mim, vós sozinho, com a ajuda daquela que vos carregava, como fizestes tudo para São João, sozinho com Maria![3]

Sem dúvida, nessa meditação ele se recorda de como Jesus o visitara no início da sua caminhada de conversão com a presença da prima. Foi ela que lhe trouxe Jesus, como a Virgem o levou a Santa Isabel, superando os obstáculos da sua incredulidade e de uma vida dissipada.

Madame de Bondy não usou palavras ou grandes discursos, mas se fez próxima do primo com grande atenção e bondade:

> Ali estava uma bela alma, com seu silêncio, sua doçura, sua bondade, sua perfeição... Deixava-se ver, era boa e espalhava seu perfume que fascinava, mas não agia! Vós, meu Jesus, meu Salvador, fazíeis tudo, dentro e fora! Vós me atraístes para a virtude com a beleza de uma alma na qual a virtude me pareceu tão bela que arrebatou meu coração.[4]

---

[3] Ibid.
[4] C. DE FOUCAULD, *La dernière place*, p. 117.

Agora essa santidade, essa salvação, Deus a oferece não apenas a ele como também a todas as pessoas pelas quais ofereceu seu sacrifício no Calvário. Ele chama por meio da missão dos apóstolos, aos quais o Ressuscitado dá o mandamento de ir "a todo o mundo e pregar o Evangelho". Todos somos chamados a continuar essa missão, a "ser instrumentos como Maria foi".

> Imitemos Jesus... precedamos as almas... façamos tudo o que pudermos para santificá-las... É ele quem as santifica, não os homens. Faz-se levar por Maria àqueles que quer santificar. Quer santificar todos os homens: é por todos os homens que ele morreu no Calvário... Chama todos os homens à fé, ao amor, à salvação: "Ide a todo o mundo e pregai o Evangelho a cada criatura"; sejamos, pois, instrumentos seus como foi Maria. Este mistério é a imagem dos deveres dos contemplativos para com os infiéis...[5]

Por este motivo, antes de explicá-la, acena à missão dos contemplativos e, portanto, à sua missão: "Este mistério é a imagem dos deveres dos contemplativos para com os infiéis: levar Jesus em silêncio entre os povos infiéis e santificá-los silenciosamente com a presença do santo tabernáculo, como a Santíssima Virgem santificou a casa de João levando ali Jesus".[6] Notemos bem que Irmão Charles não dá ainda o passo para um apostolado ativo; fica nele clara a ideia do contemplativo, mas um contemplativo chamado, segundo sua vocação, para o testemunho da salvação dada a nós gratuitamente por Jesus. Essa descoberta enriquecerá seu ideal de Nazaré e o fará compreender que deverá, sim, levar uma vida segundo

---

[5] C. DE FOUCAULD, *La bonté de Dieu*, p. 212.
[6] Ibid.

o exemplo de Jesus em Nazaré, mas que esse mistério lhe permitirá também um apostolado compatível com ele; assim como João Batista foi santificado pela simples presença de Jesus, que a Virgem Maria carregava em seu seio, também ele poderá "santificar as almas sem sair do silêncio, levando [...] Jesus no santo sacramento, e a prática das virtudes evangélicas por meio de uma vida que imite a vida oculta de Nosso Senhor".[7] Um apostolado, portanto, feito essencialmente de contemplação e de oferta de si mesmo, que tem na Eucaristia seu centro.

Para melhor fazer perceber seu pensamento, explica como vê a vida que Jesus praticou e com a qual nos deu o exemplo de três vidas: a vida de Nazaré, a quarentena no deserto e a vida pública, cada uma com sua característica e todas as três igualmente santas e perfeitas, porque Jesus as viveu.

> Jesus nos dá o exemplo de três gêneros de vida: a vida cenobítica – representada pela vida oculta de Nazaré; a vida eremítica – representada pelo seu jejum de quarenta dias no deserto; a vida apostólica – representada pelos seus três anos de vida pública: para imitar Jesus é preciso, enquanto a obediência o permite, conduzir um destes três gêneros de vida e, enquanto a obediência o permite, conduzi-los exatamente como Jesus, na mesma pobreza, na mesma abjeção, chegando a ser, enfim, a imagem perfeita do divino mestre na medida em que o pode uma criatura.[8]

Como sempre, Irmão Charles, no desejo de imitar Jesus, deduz o compromisso para cada uma destas três vidas, sublinhando, de modo particular, a vida de Nazaré que julga

---

[7] J. F. FIX, *Itinerario spirituale*, p. 205.
[8] C. DE FOUCAULD, *La bonté de Dieu*, p. 212-213.

ser sua vocação. Os deveres em relação aos vizinhos são os deveres "de edificação e de caridade" vividos "em um grande recolhimento e em uma grande pobreza, na obscuridade e no silêncio"; ao passo que nas relações com os distantes, os *povos infiéis*, é levar no meio deles "Jesus na Santa Hóstia" e "viver uma vida perfumada com todas as virtudes evangélicas".

Daí que Irmão Charles tira seu modo de ser testemunha e apóstolo; na obscuridade e no silêncio ele pode também trabalhar para a santificação da humanidade, pois é chamado a pregar o Evangelho "com aqueles com quem vive habitualmente os deveres de edificação e de caridade" e com os distantes, "levando Jesus no meio deles, Jesus na Santa Hóstia e ficar entre eles com esse divino Jesus, adorando-o e vivendo uma vida perfumada com todos os perfumes do Evangelho...". A vocação à vida oculta permanece. Não se sente chamado a pregar o Evangelho, mas intui que pode viver essa vida de Nazaré não só na Terra Santa como também entre aqueles que ignoram Jesus, e irradiar a salvação de Cristo pela presença da Eucaristia e o exemplo de uma vida com perfume de Evangelho. Essa intuição transformará de maneira extraordinária a compreensão da sua vocação, até tornar-se logo uma das ideias-mãe de sua espiritualidade e do seu apostolado típico. Até aquele momento percebera sua vocação à vida de Nazaré como uma vida oculta, *na obscuridade e no silêncio*; agora, acrescenta a dimensão missionária: levar o Evangelho com a própria vida. Então, seu ideal é de

> levar o Santo Sacramento entre os povos infiéis e viver ali à sombra do tabernáculo, dando a esses povos, além do bem infinito da presença de Jesus, o benefício do exemplo da prática das virtudes evangélicas: eis o bem

que podem fazer às almas do próximo, às almas dos povos mais distantes da sua terra, os mais distantes de Jesus, os que estão destinados à vida escondida...[9]

Ao contrário, como é típico do seu agir, não pensa nessa espécie de apostolado só para si mesmo, mas também para aqueles que quiserem unir-se a ele e que como ele são chamados ao testemunho da vida de Nazaré. Ao escrever a regra para a Associação dos Irmãos e das Irmãs do Sagrado Coração de Jesus, dará a estes como modelo a Virgem Maria:

> Como ela santificou a casa de João ao levar ali Jesus, assim devemos levar Jesus em torno de nós, desenvolvendo sua presença eucarística e deixando-o viver nas nossas almas. Sobretudo, devemos levá-lo entre os infiéis: "Quando se está repleto de Jesus, se está cheio de caridade": como Maria, temos "pressa" em compartilhar nosso tesouro Jesus com nossos irmãos infiéis que não o possuem.[10]

O mistério da Visitação lhe permitiu unificar a vida oculta e o apostolado; percebeu que era chamado a colaborar na obra da redenção do mesmo modo que a Virgem no mistério da Visitação. Doravante não haverá mais oposição entre estes dois aspectos: ele tem a certeza de poder viver a vocação de Nazaré – que reivindicará sempre para si – fora da aldeia de Nazaré, ainda que não saiba bem como.

Essa descoberta mudará também sua atitude em relação ao sacerdócio. Se ao chegar a Nazaré estava mais do que nunca decidido a recusar o sacerdócio, que o teria elevado a uma

---

[9] C. DE FOUCAULD, *La bonté de Dieu*, p. 213.

[10] C. DE FOUCAULD, *Règlements et Directoire*, p. 629.

função social incompatível, a seu ver, com a busca do último lugar, agora não se oporá a recebê-lo. Surge aí, porém, uma nova dificuldade: não está mais ligado a nenhuma congregação e, portanto, ser ordenado sacerdote não é coisa fácil. A ocasião concreta lhe é dada por sua presença em Jerusalém, onde é convidado por algum tempo, sempre no convento das Clarissas. Ali, continuando sua vida de Nazaré, mas "ainda mais doce, porque ainda mais solitária [...]: silêncio, calma, solidão de uma doçura incomparável", além de descobrir que é conhecido tanto pelos Franciscanos como pelas Clarissas – as monjas o tinham acolhido porque o conheciam –, tem um encontro que lhe permite pensar no sacerdócio de maneira concreta. Encontra Mère Elisabeth du Calvaire, que o estimula a se fazer conhecido, a buscar discípulos, e quer que ele seja padre e capelão do seu mosteiro. Tendo falhado o plano de encontrar companheiros – para isso tinha ido à Turquia –, pensa em adquirir o monte das Bem-aventuranças e viver ali como sacerdote eremita, construindo um santuário e "estabelecer aí um altar onde perpetuamente a missa seja celebrada todo dia e Nosso Senhor Jesus esteja presente no tabernáculo". Embora o projeto de adquirir o monte das Bem-aventuranças fracasse, fica nele o desejo de ser sacerdote; assim, em agosto de 1900, deixa Nazaré e retorna à França para ordenar-se sacerdote.

Em 9 de junho de 1901, é ordenado sacerdote e pede para partir para o Marrocos,

> para tornar conhecido Jesus, o Sagrado Coração, a Santíssima Virgem, os irmãos de Jesus que não o conhecem, alimentar com a Sagrada Eucaristia os irmãos de Jesus que nunca a saborearam, batizar irmãos de Jesus ainda escravos do demônio, ensinar o Evangelho, a história de Jesus, as virtudes evangélicas, a doçura do

seio materno da Igreja a irmãos de Jesus de que nunca tinham ouvido falar dela.[11]

Sabemos, porém, que o Marrocos tinha fechado as fronteiras para os estrangeiros e a anarquia que reinava em seu interior impedia de fixar sua presença entre aquelas populações muçulmanas. Para Charles de Foucauld, portanto, estava fora de questão estabelecer-se no Marrocos. Foi por este motivo que escolheu morar na sua fronteira, em Beni Abbes, na Argélia.

"Como viverá o Mistério da Visitação no Saara?"

1. BENI ABBES

Quando, em 28 de outubro de 1901, Charles de Foucauld chega a Beni Abbes, está mais do que nunca convencido de não viver a missão como fazem os Padres Brancos, entre os quais se estabelece, mas sim à maneira da Visitação. Confirma isso o que ele escreve a Henry de Castries:

> Acabei de ser ordenado e estou fazendo gestões para continuar, no Saara, "a vida oculta de Jesus de Nazaré", não para pregar, mas para viver na solidão, na pobreza, no trabalho humilde de Jesus, buscando fazer o bem às almas não através da palavra, mas através da oração, da oferta do Santo Sacrifício, da penitência, da prática da caridade.[12]

Por trás desse desejo esconde-se ainda o método pastoral monástico: "É a antiga evangelização dos monges e dos

---

[11] C. DE FOUCAULD, *Seul avec Dieu*, p. 100.
[12] C. DE FOUCAULD, *Castries*, p. 69.

beneditinos do Ocidente que sonho para os países muçulmanos e para os outros que o coração do Esposo quiser".[13]

Depois, porém, concretamente, pouco a pouco, será conhecido e exatamente esses irmãos que acolherá o farão mudar de perspectiva e começar a viver em fraternidade, a passar "da vida contemplativa para a vida do ministério". Então, seu "mosteiro" de Beni Abbes se tornará *A fraternidade do Sagrado Coração*: um lugar "de oração e de hospitalidade [...] para reluzir o Evangelho, a Caridade, Jesus". "Eles começam a chamar a casa de 'a fraternidade' (*Khaua*, em árabe) e eu gosto disso."[14] Desse modo, a vida que deveria ter sido o máximo possível eremítica se enche de encontros: "A fraternidade, silenciosíssima durante a noite e das 10 às 15 (período em que muitos dormem e outros não saem), é uma colmeia das 5 às 9 da manhã e das 4 às 8 da tarde...".[15]

Escreve a Mons. Guérin: "Estou sobrecarregado pelas ocupações exteriores e a minha vida de contemplação tornou-se uma vida de ministério... Mas basta que seja como Jesus a quer que importa";[16] e ao amigo Henry de Castries: "Sou escravo, escravo de Jesus... a minha vocação comum é a solidão, a estabilidade, o silêncio... mas se creio, excepcionalmente, ser chamado a outra coisa, só posso dizer *Ecce ancilla Domini*, o amor obedece sempre quando o amor tem Deus por objeto".[17]

Essa fraternidade, sempre sobre o exemplo de Jesus, que se fez solidário com as pessoas, especialmente com os pobres e os últimos, concretiza-se na caridade. Com todos os que vêm pedir um pouco de caridade, ele aproveita para

---

[13] C. de Foucauld, *Correspondances sahariennes*, p. 961.
[14] C. de Foucauld, *Castries*, p. 88.
[15] C. de Foucauld, *Bondy*, p. 104.
[16] C. de Foucauld, *Correspondances sahariennes*, p. 59.
[17] C. de Foucauld, *Castries*, p. 135.

"compartilhar minha felicidade. [...] Ele [Jesus] nos disse para sermos todos irmãos, filhos de um mesmo Pai, e que devemos amar toda pessoa como a nós mesmos... para obedecer a ele, para amá-lo, é preciso, portanto, que eu busque compartilhar minha felicidade com meus irmãos...".[18] E pelos doentes chega até a dispensar-se da clausura, para ele coisa intocável: "Pelos doentes, faço o que posso, saindo da clausura toda vez que há alguém gravemente doente, e vou vê-lo todo dia".[19] Exatamente por sua atividade caritativa será chamado: "O *marabu* (homem de Deus) é o nome que já todos os indígenas me dão: eu me acho muito bem com eles, são pessoas muito boas".[20]

Pouco a pouco, a residência de Beni Abbes se amplia. Charles de Foucauld passa da simples caridade a descobrir as necessidades espirituais e materiais dos seus habitantes: "Há muitas obras a instalar aqui: a dos escravos (é por ora a mais urgente e a mais importante), a dos viajantes pobres, dos doentes pobres, dos soldados e oficiais, depois a relação com os marabus, os outros muçulmanos e os judeus".[21] Como homem metódico, faz um elenco minucioso de todas as obras principais que poderiam ser instauradas em Beni Abbes. Não esquece nenhuma: escravos, pobres, soldados, doentes, muçulmanos, judeus, órfãos. Sua bondade se torna para uns defesa, para outros caridade, para todos amizade e para os soldados também ministério pastoral. Toda tarde dá a bênção eucarística: "Vêm à igreja muitos soldados para que possa fazer para eles uma leitura e uma breve explicação do S. Evangelho. Depois dessa instrução, que dura cerca de

---

[18] C. DE FOUCAULD, *Correspondances Sahariennes*, p. 131.
[19] Ibid.
[20] G. GORRÉÉ, *Les amitiés sahariennes du Père de Foucauld*, II, p. 25.
[21] C. DE FOUCAULD, *Correspondances Sahariennes*, p. 60.

vinte minutos, há a bênção do Santíssimo Sacramento e a oração da tarde".[22]

2. TAMANRASSET

Depois de longas hesitações, Charles de Foucauld aceita o convite do comandante Laperrine para acompanhá-lo nas viagens que fará no Hoggar, "para familiarizar-se" com os tuaregues recentemente submetidos à França. Permanecendo Marrocos sempre fechado, vê, nesse convite, abrir-se diante de si um imenso campo para a evangelização que o atrai e, no seu parecer, o prepara eventualmente também para o campo marroquino. Portanto, há sempre essa *ânsia missionária*. Esse seu desejo de tornar Jesus conhecido e de seguir a vontade de Deus, que se manifesta nos acontecimentos, parece ser um dos motivos que lhe dão o desejo e depois a força para estabelecer-se entre os tuaregues.

Irmão Charles, por sua vez, escolhe Tamanrasset porque responde em grande medida a seu ideal de Nazaré; é um lugar abandonado, sem grande futuro, onde poderá viver uma vida humilde, pobre e escondida, e "com as suas quarenta famílias de pobres agricultores é exatamente como Nazaré e Belém no tempo de Nosso Senhor".

Propõe-se um novo estilo de vida em que resplandece, com maior clareza, a vida de Nazaré:

> Viver a vida de Jesus em Nazaré, segundo o *Regulamento dos Irmãozinhos do Sagrado Coração de Jesus*. Ser assim pequeno e pobre como foi Jesus em Nazaré. Não buscar, como em Beni Abbes, distribuir grandes esmolas: dar o excesso na medida em que houver, como

---

[22] C. DE FOUCAULD, *Bondy*, p. 93.

faziam Jesus, Maria e José em Nazaré; não buscar dar, estando sozinho, a esmola e a hospitalidade como faria uma fraternidade de 25 irmãozinhos; na dúvida, estar sempre conforme ao que fazia Jesus em Nazaré.[23]

Ser pequeno para ser irmão universal, para poder chegar, como Jesus, ao coração de todos e se responsabilizar por todos, ser intercessor. Aqui, mais uma vez, o mistério da vida de Nazaré alcança o mistério da cruz, isto é, cooperar no silêncio e no secreto "como Jesus em Nazaré", para a redenção da humanidade. Parece-nos que Irmão Charles alcança aqui a profundidade e a amplitude que não lhe eram mais familiares durante os anos de Beni Abbes; agora, toca quase com a mão o desejo de ser imagem verdadeira de Jesus em Nazaré, ao qual quer assemelhar-se porque, como disse tantas vezes, "nossa perfeição está em ser semelhantes a ele". Ao responder à pergunta que se faz sobre *como* viver entre os tuaregues, escreve:

> Silenciosamente, secretamente, como Jesus em Nazaré; obscuramente, como ele, "passar desconhecido na terra, como um viajante na noite", *"aquae Salvatoris vadunt cum silentio"*, pobremente, laboriosamente, humildemente, docemente, com bondade, como ele, *"transiens benefaciendo"*; desarmado e mudo diante da injustiça, como ele, deixando-me como o Cordeiro divino, tosar e imolar sem resistir, nem falar, imitando em tudo Jesus em Nazaré e Jesus na cruz; e, no caso de dúvida sobre a maneira de viver e seguir o *Regulamento dos Irmãozinhos do Sagrado Coração de Jesus*, conformar-me sempre à vida de Jesus em Nazaré e de Jesus na cruz, porque o

---

[23] C. DE FOUCAULD, *Carnet de Beni Abbés*, p. 102.

primeiro dever dos irmãozinhos do Sagrado Coração e do meu, o primeiro artigo da sua vocação e da minha, do seu regulamento e do meu, aquilo que para eles e para mim está escrito por Deus, "*in capite libri*", é imitar Jesus na sua vida de Nazaré e, quando for a hora, imitá-lo no seu caminho da cruz e na sua morte.[24]

A imitação do Senhor não é somente a vida íntima e cordial de Nazaré, como também fazer-se solidário com os irmãos como Jesus e morrer como ele e com ele, para que ele tenha a possibilidade de salvar por nosso meio. A *kenosis* se torna, assim, uma experiência, uma prática pascal, um "encontrar sua vida perdendo-a" (Mt 10,39), em favor dos irmãos.

"Sofrendo por nós, Jesus Cristo [...] nos deu o exemplo para que sigamos as suas pegadas" (1Pd 2,21), e, justamente, Irmão Charles percebeu que o mistério da cruz faz parte do mistério de Nazaré. Como no exemplo de Jesus, que não foi solidário conosco por obrigação, mas por amor e por livre adesão à iniciativa do Pai (Hb 10,5-9), assim também Charles de Foucauld não quer ser solidário com os briosos tuaregues por fatalidade, mas porque é o melhor modo para seguir e imitar Jesus Cristo Salvador. Se quiser manifestar a salvação de Cristo "no coração do Hoggar", pode fazê-lo apenas indo aos tuaregues lá onde estão, isto é, na sua existência dura, e transformar com a caridade de Deus a vida deles, agindo no meio deles, assim como Jesus viveu em Nazaré. Uma caridade redentora que se alimenta do amor de Jesus:

> Olhando, contemplando sem cessar o Bem-amado Jesus durante seu trabalho cotidiano, velando de noite na adoração da divina hóstia e na oração, dando sem-

---

[24] Ibid., p. 103-104.

pre ao espiritual o primeiríssimo lugar, imitando Jesus em Nazaré no seu amor imenso por Deus mais que no resto. Fazendo fluir, brilhar este grande amor de Deus e de Jesus sobre todos os homens "pelos quais Cristo morreu", "resgatados a preço caro", "amando-os como ele os amou", e fazendo tanto quanto puder tudo aquilo que ele fazia em Nazaré para salvar as almas, santificá--las, consolar, confortar, nele, por ele, como ele.[25]

Concluindo, podemos resumir assim: a meditação do mistério da Visitação provoca em Charles de Foucauld uma nova evolução em viver o mistério de Nazaré. Nota que Jesus, levado pela Virgem Maria à casa da prima Isabel, a santifica e que ele, portanto, já antes do nascimento, é Salvador. Irmão Charles descobre que, permanecendo fiel ao mistério da vida oculta de Nazaré, também pode ser salvador com Jesus. Pode levar a Eucaristia – novo modo de Jesus viver sua vida escondida –, a oferenda do divino sacrifício e a imitação das virtudes evangélicas no meio dos povos infiéis, para atuar pela salvação deles:

> Há cinco anos e meio me pareceu que não teria podido glorificar melhor a Deus do que fazendo o que fez a Santíssima Virgem no Mistério da Visitação. Sem sair da vida oculta, sem sair do silêncio, santifica a casa de São João ao levar ali Jesus e praticar as virtudes evangélicas. Seguindo seu exemplo, santificar as almas sem sair do silêncio, levando entre os povos infiéis, com um pequeno número de irmãos, Jesus no Santo Sacramento, e a prática das virtudes evangélicas com uma vida que imite a vida oculta de Nosso Senhor, eis o que eu,

---

[25] Ibid., p. 104.

que não recebi a vocação da vida apostólica, posso fazer de melhor para a glória de Deus.[26]

Por isso, frequentemente termina sua oração com esta invocação: "Mãe bem-amada, continuai invisivelmente a vossa Visitação! Visitai os tuaregues, o Marrocos, o Saara, os infiéis! Visitai e santificai todos os seres humanos!".[27]

---

[26] C. DE FOUCAULD, *Voyageur*, p. 109-110.
[27] C. DE FOUCAULD, *Carnet Beni Abbés*, p. 143.

6

"O JUSTO VIVE DE FÉ"

O justo vive de fé, caminha à sua luz,
age iluminado por ela em todos os seus atos. [...]
Meu Deus, dá-me esta fé, esta fé viva e forte,
que faz atuar em tudo segundo a fé,
que faz regrar toda a vida, todos os pensamentos,
todas as palavras e todas as ações segundo a fé, quer dizer,
segundo o amor e a esperança, segundo a verdade
e a perfeição, segundo tu, meu Deus.
(Charles de Foucauld)

Ainda que perguntemos muitas vezes qual foi a causa, a razão que transformou radicalmente a vida de Irmão Charles, a resposta é sempre a mesma: foi o encontro com Jesus. Como a Paulo na estrada de Damasco, quando o encontrou no confessionário de Abbé Huvelin, sua vida mudou. Paulo, de perseguidor se torna apóstolo; Irmão Charles, de jovem dissipado torna-se discípulo. A graça de Deus joga com esses *golpes baixos* e a pessoa sai renovada, transformada, sua vida muda, fica nova e há de novo entusiasmo. O fruto desse encontro é a santidade, a conformação da própria vida à vida de Cristo. Por isso, Foucauld se propunha a

compartilhar a vida de Cristo, sua pobreza, sua abjeção, as suas perseguições, as suas fadigas, ter uma vida exterior em tudo semelhante à sua; e ao mesmíssimo tempo esforçar-se continuamente para tornar sua alma o máximo possível conforme à santíssima alma dele, de modo a formar um só coração e uma só alma com nosso bem-amado Jesus.[1]

À luz desse desejo/compromisso, parece-nos que a definição que o Papa Bento XVI deu da fé, em 17 de outubro de 2012, resume toda a trajetória histórica da fé vivida por Irmão Charles:

> Trata-se do encontro não com uma ideia, nem com um projeto de vida, mas com uma Pessoa viva que nos transforma em profundidade, revelando-nos nossa verdadeira identidade de filhos de Deus. O encontro com Cristo renova nossos relacionamentos humanos, orientando-os no dia a dia para uma maior solidariedade e fraternidade, na lógica do amor. Ter fé no Senhor não é algo que interessa unicamente à nossa inteligência, ao campo do saber intelectual, mas é uma mudança que compromete a vida, a totalidade do nosso ser: sentimento, coração, inteligência, vontade, corporeidade, emoções e relacionamentos humanos. Com a fé muda verdadeiramente tudo em nós e para nós, e revela-se com clareza nosso destino futuro, a verdade da nossa vocação no interior da história, o sentido da vida, o gosto de sermos peregrinos rumo à Pátria celeste.[2]

Irmão Charles encontrou Jesus e, portanto, redescobriu como é ser filho de Deus, e isso lhe mudou totalmente a vida, dando-lhe um sentido novo ao entregar-se confiante a ele,

---

[1] C. DE FOUCAULD, *Règlements et Directoire*, p. 110.
[2] BENTO XVI, Audiência geral, 17 de outubro de 2012.

empenhando-se em imitá-lo em tudo: "Perdi o coração para esse Jesus de Nazaré crucificado há 1900 anos e passo minha vida buscando imitá-lo enquanto puder a minha fraqueza".[3]

Para ele, portanto, toda a vida há de ser vivida em comunhão profunda com Jesus, Caminho, Verdade e Vida. Não por acaso, para ele fé significa "caminhar na luz de Cristo". Como exemplo dessa transformação, durante o retiro feito na Terra Santa em 9 de novembro de 1897, ao comentar "o justo vive de fé", escreve:

> O justo vive verdadeiramente desta fé, pois ela substitui nele a maior parte dos sentidos naturais: transforma de tal modo todas as coisas que os velhos sentidos dificilmente podem servir à alma; ela não percebe através deles senão as aparências enganadoras; a fé lhe mostra as realidades... o olho lhe mostra um pobre, a fé lhe mostra Jesus; o ouvido o faz ouvir injúrias e perseguições, a fé lhe canta: "Alegrai-vos e gritai de alegria"; o tato nos faz sentir as pedradas recebidas, a fé nos diz: "Tende grande alegria por serdes julgados dignos de sofrer algo pelo nome de Cristo"...; o gosto nos faz sentir um pouco de pão sem fermento, a fé nos mostra "o Salvador Jesus homem e Deus, corpo e alma"; o olfato nos faz sentir o cheiro do incenso, a fé nos diz que o verdadeiro incenso "são as orações dos santos"... Os sentidos nos seduzem com as belezas criadas, a fé pensa na Beleza incriada e tem piedade de todas as criaturas que são nada e pó perto daquela Beleza... Os sentidos têm horror à dor, a fé a bendiz como coroa do martírio que a une a seu Bem-amado, como a caminhada com seu Esposo, sua mão na mão divina... Os sentidos se revoltam contra a injúria, a fé a bendiz – "Benditos aqueles que vos mal-

---

[3] C. DE FOUCAULD, *Lettres à un ami de lycée*, p. 161.

disserem" – e a acha merecida, porque pensa nos seus pecados, a acha suave, pois comparte a sorte de Jesus... Os sentidos são curiosos, a fé não quer conhecer nada, pois tem sede de sepultar-se e quereria passar toda sua vida imóvel aos pés do tabernáculo... Os sentidos amam a riqueza e a honra, a fé tem horror a elas – "Toda elevação é uma abominação diante de Deus", "felizes os pobres" – e adora a pobreza e a abjeção com as quais Jesus se cobriu durante toda sua vida, como de uma veste inseparável dele... Os sentidos têm horror ao sofrimento, a fé o bendiz como um dom da mão de Jesus, uma parte da sua cruz, que ele se digna de nos dar para levar... Os sentidos se assustam com aquilo que eles chamam de perigos, aquilo que pode trazer dor ou morte, a fé não se assusta com nada, sabe que lhe acontecerá só o que Deus quiser – "Todos os cabelos da vossa cabeça estão contados" –, e o que Deus quiser será sempre para seu bem – "Tudo o que acontece é para o bem dos eleitos"; assim, qualquer coisa que possa acontecer, sofrimento ou alegria, saúde ou doença, vida ou morte, a fé está contente antecipadamente e não tem medo de nada... Os sentidos se inquietam pelo amanhã, se perguntam como se viverá amanhã, a fé não tem nenhuma inquietação; não vos preocupeis – diz Jesus –, vede as flores dos campos, vede os pássaros; eu os alimento e os visto... Vós valeis muito mais que eles... Buscai a Deus e sua justiça e todo o resto vos será dado por acréscimo... Os sentidos querem conservar a presença da família, a posse dos bens, a fé tem pressa em deixar uma e outro: "Aquele que tiver deixado por mim pai, mãe, casa, campo, receberá o cêntuplo neste mundo e a vida eterna no outro"... Assim, a fé aventura tudo a uma luz nova, diversa da luz dos sentidos, ou mais brilhante ou diferente... Portanto, quem vive de fé tem a alma cheia de pensamentos novos, de gostos novos, de julgamentos novos; são horizontes novos que se abrem diante dele, horizontes maravilhosos que são iluminados por uma luz celeste e são belos pela beleza divina. Envolto por estas verdades tão novas, que o mundo ignora, ele inicia necessariamente uma vida completamente nova, oposta àquela do mundo, perante o qual os seus atos parecem loucura...[4]

Esta foi sua experiência: quando encontrou o Senhor, este lhe mudou a vida. Expressa isso através da comparação/contraste entre os sentidos velhos e novos, de modo a transformar completamente seu olhar sobre as coisas antigas, de maneira a fazê-lo ver uma realidade nova, dando início a uma vida completamente nova, onde brilha a luz que é Jesus Cristo. Não esqueçamos que a luz é o símbolo do que Deus é em si mesmo e do que ele faz pelo homem através de Jesus.

"Eu sou a luz do mundo; quem me segue não caminha nas trevas, mas terá a luz da vida" (Jo 8,12). Meu Deus, se tivéssemos fé nesta palavra: como convém ter fé na palavra do Verbo de Deus, como os nossos pensamentos seriam diversos daqueles que são e nossa vida diferente daquela que é! Como imitaríamos os teus exemplos!... Como praticaríamos os teus ensinamentos!... Como nossa vida se tornaria a imagem da tua vida!... Como nos lançaríamos ao teu seguimento na escuridão, na pobreza, na abjeção, no trabalho manual, no silêncio, aprendendo de ti a calar, a passar obscuros na terra, como um viajante na noite. Como nós todos, que não recebemos a missão de tua Igreja de pregar o Evangelho e de conduzir a tua vida pública, nos lançaría-

---

[4] C. DE FOUCAULD, *La dernière place*, p. 131-133.

mos na imitação absoluta da tua vida de Nazaré, nos sepultaríamos, desapareceríamos contigo nessa obscuridade infinita, nessa inutilidade aparente, oferecendo em silêncio as nossas orações a Deus pela salvação de todos os homens, inúteis aos olhos do mundo. [...] Imitemos, no entanto, embora indignos, essa vida divina, porque tu nos convidaste, com fé na sua beleza, com fé na sua grandeza, com fé que, seguindo-a, seguindo-te, não se caminha nas trevas, mas à luz da vida... Meu Deus, dá-me essa fé![5]

Assim foi a vida de Irmão Charles desde o momento da sua conversão, a partir do instante em que, iluminado pela graça de Deus, inicia uma intensa vida de fé. À luz dessa vida de fé que o acompanhou durante toda a vida, cremos que se possa afirmar que, quando escreve que perdeu a fé quando jovem vivendo "sem fé alguma", se deva ter presente que fala da fé da infância, aquela explicada no catecismo com um sistema racional e bem estruturado, mas que não é um "encontro pessoal" com Deus. Tanto é verdade que, quando quer encontrá-lo, faz aquela *estranha oração*: "Meu Deus, se existes, faz com que eu te conheça".[6] Só quando encontra Jesus de Nazaré faz a experiência do que quer dizer encontrar, enamorar-se e viver em comunhão com Deus, com a pessoa de Jesus, e então não perderá mais a fé... antes, mudará sua vida; porque a fé não é uma doutrina, mas uma Pessoa. Este permanece o aspecto mais secreto da sua conversão, como de toda conversão, quando só Deus intervém e chama para entrar em uma dimensão muito particular, a um tu a tu, a um coração a coração, que permanece a raiz de toda a vida.

---

[5] C. DE FOUCAULD, *En vue de Dieu seul*, p. 200-201.
[6] C. DE FOUCAULD, *Voyageur dans la nuit*, p. 62.

A fé lhe deu paz e serenidade. Escreve a H. de Castries, contando-lhe sua conversão:

> Esta paz infinita, esta luz radiosa, esta felicidade inalterável de que gozo há doze anos, vós a encontrareis percorrendo a estrada que o Bom Deus me fez seguir: rezar, rezar muito; tomar um bom confessor, escolhido com grande cuidado, e seguir atentamente os seus conselhos como se seguem os de um bom professor; ler, reler, meditar o Evangelho e esforçar-se para pô-lo em prática. Com estas três coisas não podeis não chegar rapidamente a esta luz que transforma todas as coisas da vida e faz da terra um céu, unindo nossa vontade à vontade de Deus...[7]

Irmão Charles nos diz também que os meios para alimentar esta fé são a oração, a direção espiritual e a meditação do Evangelho. Da importância que o Evangelho e seu diretor espiritual, Abbé Huvelin, tiveram na sua caminhada de fé já falamos. Agora queremos destacar sua vida de oração.

Charles de Foucauld foi um homem de oração. Certamente encontrou em Jesus uma Pessoa à qual poder falar, que o ama e que ele pode amar. Começa-se a crer quando se sente amado por Deus. Pouco a pouco se tornará seu "Irmão bem-amado e Senhor Jesus", ao qual dará toda sua existência; ao qual quer "fazer companhia", reconstruindo todos os momentos da vida dele, sentindo-se seu contemporâneo: em Belém, na fuga para o Egito, no meio da multidão, com seus discípulos, como seus amigos em Betânia, durante a paixão, morte e ressurreição. Os exemplos a citar não seriam muitos, mas muitíssimos. Citamos apenas dois, que nos parecem eloquentes.

---

[7] C. DE FOUCAULD, *Castries*, p. 71.

1. Enquanto está em Nazaré, afirma que passa boa parte da noite e o dia inteiro em oração:

> Na verdade, tenho algumas horas de trabalho durante o dia. Mas isso não me impede de pensar em vós; elas estão mescladas de visitas frequentes ao vosso berço, ao vosso tabernáculo, de adorações frequentes, de orações frequentes [...] e das dezesseis e trinta até as oito da manhã não tenho nada, nada a fazer além de estar diante do vosso presépio entre os vossos pais, a adorar-vos com eles, a contemplar-vos, a morrer de amor aos vossos pés...[8]

Ainda em Nazaré, faz a experiência de uma oração que se mistura com a vida, torna-se vida:

> às 5 termina o trabalho: bendizei-me longamente, docemente, com a vossa mão bem-amada, e inicia o tempo da oração que dura até o dia seguinte: das 5 da tarde até 8 da manhã: leituras piedosas, reza, oração, que são interrompidas apenas pelas refeições leves e breves horas de sono; tudo convosco, tudo como vós: convosco e como vós rezo, leio, estou perto de vós em uma oração muda; convosco faço refeição, sob os vossos olhos durmo; tudo faço entre vós, Maria e José, como vós, Maria e José, imitando-vos, compartindo a vossa vida, nunca cessando de estar sob os vossos olhos e de devorar-vos com os meus, olhando-vos, contemplando-vos, adorando-vos sem parar, ó meu Jesus, que vos dignastes de tomar-me como vosso irmãozinho, entre vós, ó Maria e José, ajudado por vós, sustentado por vós, que na vossa

---

[8] C. DE FOUCAULD, *Considérations*, p. 116.

bondade me encerrastes entre vós, contra vós, e me tendes adotado como vosso filhinho...[9]

Ele escreve ao sobrinho Charles de Blic:

> [Vivo] na calma, na paz [...] aos pés do Esposo divino... Na hora da oração rezo aos seus pés como faziam Maria e José em Nazaré; na hora do trabalho, trabalho com ele, como trabalhou na sua pobre oficina; quando um pobre, um doente bate à porta, é a ele que corro para abrir, pois "o que fazeis a um destes pequeninos, fizestes a mim": a minha comida, o meu repouso tomo-os em sua companhia, entre ele, Maria e José, como se eu estivesse com eles na santa casa de Nazaré.[10]

2. A Mons. Guérin, que lhe pergunta como vivia em Beni Abbes, responde:

> Levantar às 4. [...] *Ângelus*, *Veni Creator*, prima, terça, missa, agradecimento.
> Às 6, primeira refeição (algumas tâmaras e figos) e disciplina. Logo depois, uma hora de adoração do Santíssimo Sacramento... Depois o trabalho manual [...] até as 11...!
> Às 11, sexta e noa, um pouco de oração, exame de consciência até 11:30... 11:30 almoço. Às 12 *ângelus* e *Veni Creator* (cantado). Depois do meio-dia é completamente para o bom Deus, para o Santíssimo Sacramento, salvo uma hora dedicada aos diálogos necessários, respostas

---

[9] Ibid., p. 436.

[10] C. DE FOUCAULD, *Correspondances avec les neveux et nièces (1893-1916)*, p. 77.

a dar cá ou lá, cozinha, sacristia etc. Necessidades da limpeza e das esmolas...
De 12 a 12:30 adoração; das 12:30 a 1:30, *via crucis*, alguma oração vocal, leitura de um capítulo do Antigo e um capítulo do NT, um capítulo da Imitação e de alguma passagem de um autor espiritual (Santa Teresa, São João da Cruz, São João Crisóstomo se sucedem sempre); de 1:30 a 2, meditação escrita do Santo Evangelho; de 2 a 2:30, teologia moral ou dogmática. De 2:30 a 3:30, catecismo a um jovem negro...[11]

Ao escrever a Madame de Bondy, completa o horário: "De 16:30 a 20, oração; de 20 a 23, repouso; de 23 a uma, oração, de uma a 3, repouso".[12]

A raiz, o fundamento dessa vida de oração, é o amor, amor a Deus e aos irmãos. A fé, se é verdadeira, transforma-se sempre em amor, porque "Deus é amor; quem permanece no amor, permanece em Deus, e Deus nele" (1Jo 4,16). Não basta, porém, permanecer no amor, é preciso associar-se à obra de salvação de Jesus e oferecer-lhe toda nossa vida. Dá testemunho Irmão Michel, que partilhou a vida com Charles de Foucauld e por alguns meses o seguiu pelas sendas do deserto para chegar a Tamanrasset:

Gostaria de ter dado a Jesus Cristo a maior prova de amor e de doação que um amigo pode dar, morrendo por ele como ele morreu por nós. Continuamente desejava e pedia a Deus o martírio como se fosse o maior de todos os benefícios. Este pensamento, cuja beleza e grandeza exaltavam sua fé generosa, transformava sua

---

[11] C. DE FOUCAULD, *Correspondances sahariennes*, p. 126-128.
[12] C. DE FOUCAULD, *Bondy*, p. 93.

palavra, sempre segura e calorosa, em verdadeiros hinos de alegria.[13]

Concluamos voltando mais uma vez ao que o Papa Bento XVI disse na catequese de uma quarta-feira, 24 de outubro de 2012, dando uma "definição descritiva" da fé muito fina e atenta:

> A fé é um confiante entregar-se a um "Tu", que é Deus, o qual me dá uma certeza diferente, mas não menos sólida do que aquela que me vem do cálculo exato ou da ciência. A fé não é um simples assentimento intelectual do homem a verdades particulares sobre Deus; é um gesto mediante o qual me confio livremente a um Deus que é Pai e me ama; é adesão a um "Tu" que me dá esperança e confiança. [...] Deus revelou que seu amor pelo homem, por cada um de nós, é incomensurável: na cruz, Jesus de Nazaré, o Filho de Deus que se fez homem, mostra-nos de modo mais luminoso até que ponto chega este amor, até ao dom de si mesmo, até ao sacrifício total. [...] Então, ter fé é encontrar este "Tu", Deus, que me sustém e me faz promessa de um amor indestrutível, que não só aspira à eternidade, mas também a concede; é confiar-me a Deus com a atitude da criança, a qual sabe bem que todas as suas dificuldades, todos os seus problemas, estão salvaguardados no "tu" da mãe.[14]

O mais belo comentário a estas palavras do emérito bispo de Roma nos parece ser a oração de Charles de Foucauld universalmente conhecida:

---

[13] Cf. *Positio*, p. 26.
[14] Cf.http://www.annusfidei.va/content/novaevangelizatio/pt/magistero/ benedetto-xvi/catechesi/20121124.html.

Meu Pai, eu me abandono a ti,
Faz de mim o que quiseres.
O que fizeres de mim,
Eu te agradeço.

Estou pronto a tudo, aceito tudo.
Desde que a tua vontade se faça em mim
E em tudo o que tu criaste,
Nada mais quero, meu Deus.

Nas tuas mãos coloco a minha vida.
A ti a dou, meu Deus,
Com todo o amor do meu coração,
Porque te amo.

E é para mim uma necessidade de amor dar-me,
Entregar-me nas tuas mãos sem medida,
Com uma confiança infinita,
Porque tu és meu Pai!

7

"AMOROSA CONTEMPLAÇÃO E APOSTOLADO FECUNDO"

> *Contemplar sem pausa o Bem-amado Jesus*
> *durante o trabalho cotidiano e velando de noite*
> *na adoração da divina hóstia e na oração [...]*
> *imitando Jesus em Nazaré no seu amor por Deus,*
> *e fazendo escorrer, brilhar,*
> *este grande amor de Deus*
> *e de Jesus sobre todos os homens.*
> *(Charles de Foucauld)*

A conversão de Charles de Foucauld foi radical. Tocado no mais profundo pela graça de Deus, tornou-se um homem novo (Jo 3,3); desde esse momento, não existe outro para ele senão Deus, nada mais existe fora dele: "Quando se ama só se pensa em uma coisa, no bem do ser amado, na sua posse. [...] Quando se ama, existe só uma coisa, o ser amado, o resto do mundo é como nada, não existe". Por isso, ele define a contemplação como "um simples olhar lançado a Deus, atenção silenciosa e amorosa da alma para Deus", como "um ato eminente de amor... um ato de puro amor". Somente aquele que *arde de amor* por Deus é capaz de contemplá-lo "sem parar, continuamente, enquanto possível a pobres mortais": somente aquele que contempla Deus sem parar é capaz de agir, no poder do Espírito Santo, "somente visando a Deus, por seu amor, amor que domina tudo, envolve tudo".

Irmão Charles escreve:

> Os primeiros atos, os primeiros efeitos do amor, como os últimos, aqueles que são inseparáveis do amor e que o acompanham enquanto existe, são a imitação e a contemplação: desde o primeiro momento que se ama, se imita e se contempla; a imitação e a contemplação fazem necessariamente, naturalmente, parte do amor, pois o amor tende à união, à transformação daquele que (se) ama no Amado, à unificação daquele que ama no Amado, e a imitação é a união, a unificação de um ser com outro por semelhança; a contemplação é a união de um ser com outro por meio do conhecimento e da vista... Imitação e contemplação fazem necessariamente parte de todo amor... Imitamos, portanto, Jesus por amor, contemplamos Jesus por amor, agimos em tudo por amor de Jesus... Somos amor e produziremos apenas atos de amor, efeitos do amor![1]

Esse amor leva-o a ser contemplativo. Irmão Charles é um contemplativo. É contemplativo de maneira nova e ao mesmo tempo de modo clássico. De maneira nova porque faz nascer e desenvolve um novo tipo de vida contemplativa. Novo não no sentido de mudar os termos da contemplação (neste sentido foi clássico), mas no de lhe dar nova forma: não quer ser contemplativo sozinho, como "monge", mas no meio do mundo, compartilhando as condições dos pobres, privando-se, assim, de maneira quase habitual, de um mínimo de silêncio, de liberdade de espírito e de tempo a dedicar a uma oração prolongada, coisas geralmente consideradas como meios privilegiados, senão indispensáveis,

---

[1] C. DE FOUCAULD, *La bonté de Dieu*, p. 217-218.

de uma oração contemplativa. Talvez exatamente por isso, nessa união mística não houve fatos extraordinários. Embora conhecesse muito bem Santa Teresa de Ávila, São João da Cruz, o Cântico dos Cânticos, não nos deixou escritos, como fizeram esses místicos. É preciso, no entanto, reconhecer que viveu uma relação profunda, verdadeira, íntima de amor com Deus. E, na contemplação do Bem-amado, deixou-se amar, deixou-se transformar, deixou-se transfigurar pelo amor de Deus, até tornar-se uma imagem do Filho de Deus.

Ao mesmo tempo foi clássico, porque o objeto da sua contemplação foi o de todos os contemplativos, de todos os místicos. Ele mesmo indica isso ao escrever em uma meditação:

> Contemplamos Deus em nós como fazia Nosso Senhor e como devemos fazê-lo para ser semelhantes em tudo a esse divino modelo. [...] Habitualmente, quando estamos sozinhos, quando o Espírito Santo nos estimula, contemplamos Deus, Jesus em nós, como Jesus contemplava incessantemente Deus em si mesmo... Quando estamos diante da Sagrada Eucaristia, contemplamos aí o Divino Salvador, que não se oferece a nós nela senão para isto, que sua Esposa infalível, a Igreja, nos oferece para isto, como o contemplavam a bem-aventurada Virgem e Santa Madalena depois da Ascensão. [...] Contemplamos Nosso Senhor nos mistérios da sua vida mortal ora em Nazaré, ora em Belém, ora no deserto, ora na sua vida pública, ora na sua paixão ou na sua ressurreição...[2]

1. *Contemplou Deus em si*. Essa contemplação de Deus o acompanhará por toda a vida: buscada no silêncio primeiro da Trapa, depois na dedicação de Beni Abbes, na nova

---

[2] C. DE FOUCAULD, *L'imitation*, p. 247.

Nazaré de Tamanrasset e do Assekrem, onde, ao lado do silêncio da solidão, é ajudado na contemplação pela beleza do lugar. Ao fixar o olhar no amor de Deus, vê, pela graça, toda a realidade com os olhos de Deus; participa, por assim dizer, do seu olhar sobre toda a história e sobre todas as criaturas. Seu olho se torna contemplativo, cheio de amor e de misericórdia, com aquele estupor, como dissemos, "que gera o silêncio quase ofuscante que se segue à escuta do Deus inefável". Ou, se preferir, a fé, na sua substância, é relação com Deus, que comporta um começar a olhar o mundo "com os olhos de Deus".

2. *Contemplou Nosso Senhor na Eucaristia*. Toda sua vida foi verdadeiramente contemplação do mistério eucarístico. Desejou com todo o coração contemplá-lo cada dia da sua vida: "Passar a maior parte do tempo à minha disposição diante do Santíssimo Sacramento... Aqui está a única coisa necessária... porque é a conduta e a maneira de agir do amor... aos pés de todo tabernáculo, em cada hóstia é o infinito, o Tudo, eu teu Deus, teu amor, teu Jesus, teu Tudo, teu Esposo bem-amado e divino, teu fim supremo, todo o teu bem na terra e nos céus".

3. *Contemplou o Senhor nos mistérios da sua vida*. Sabemos como Irmão Charles foi um precursor também neste aspecto: em um tempo em que a Igreja era o centro de toda a vida cristã, ele põe aí Jesus e sua vida, o mistério da sua vida. Faz seu esse mistério lendo assiduamente os evangelhos. Uma leitura não apenas cognoscitiva como também e, sobretudo, imitativa: quer ser configurado em tudo a Jesus. Não devemos esquecer que, ao contemplar os mistérios da vida de Jesus, é o próprio Jesus que Charles de Foucauld busca, ávido de encontrar aí o reflexo dos seus pensamentos, dos seus desejos, para depois conformar sua vida com eles.

Essa necessidade de imitação é para ele uma consequência inelutável do amor, da contemplação.

Seguindo sua mestra, Santa Teresa d'Ávila – segundo a qual o essencial na oração não consiste em pensar muito, mas em amar muito –, Charles de Foucauld considera a contemplação como a "melhor oração", porque nela há muito amor. Convencido de que, concretamente, "só uma coisa marca mais o bom emprego das nossas horas, o amor de Deus que o enche (e, consequentemente), as horas da nossa vida nas quais amamos mais a Deus, são aquelas mais bem empregadas"; convencido igualmente de que "todo o tempo da nossa vida, aqui e no céu, não nos é dado senão para uma só coisa, a única necessária, amar a Deus". Irmão Charles não hesita em tirar a conclusão de que "as horas da nossa contemplação são as horas mais bem usadas da nossa vida, pois nelas amamos mais".

A contemplação leva-o a ser um místico. Com efeito, a meta última da contemplação é a comunhão mística, como antecipação, como modo da visão beatífica. A contemplação encontra aqui todo seu sentido: o homem é feito para Deus e encontra apenas nele aquela completude perfeita e eterna, que é a vida eterna.

Pe. Léthel dá uma definição da mística que parece feita sob medida para Irmão Charles: "A mística é exatamente aquele 'entendimento do mistério de Cristo' de que São Paulo nos dá testemunho (Ef 3,4). É aquele conhecimento do incompreensível 'amor de Cristo que ultrapassa todo conhecimento' (Ef 3,18-19). A mística é a ciência do amor, ciência do amor de Jesus". Quem, mais do que ele, amou apaixonadamente Jesus?

Se Charles de Foucauld foi um "místico", foi porque "amou muito". Disse de si que tencionava viver "ao lado dos outros perdido em Deus", "escondido" nele, "no secreto do seu Rosto". Na primeira travessia do deserto até o Hoggar, parando em Tit, em 26 de maio de 1904, no diário faz Jesus dizer:

> Hoje e no futuro, se possível, estarás nestas rochas semelhantes às de Belém e de Nazaré, nas quais tens a perfeição da minha imitação e juntamente a da caridade; pelo que diz respeito ao recolhimento, é o amor que deve unir-te a mim interiormente, e não o afastamento dos meus filhos; vê a mim neles, como a mim em Nazaré, e vive junto deles, perdido em Deus.[3]

A seus correspondentes, pedia orações para que esse amor fosse sempre vivo e real: "Pedi, sobretudo, para mim aquele amor ardente, generoso, apaixonado, que faz amar Jesus acima de tudo... Não peço para sentir esse amor, nem para sentir que Jesus me ama, desde que eu o ame com toda a alma, apaixonadamente".

Adorar, para ele, é, portanto, ficar amorosamente absorto e absorvido em Deus; é escutar sua Palavra saboreando-a dentro do mistério "daquele Jesus de Nazaré" (At 10,38) que segue e ama como Deus e como irmão, que é para ele o Esposo, o Mestre, o Modelo, o Irmão, o Bem-amado e Salvador. Jesus de Nazaré, para seu ser singularmente unido a Deus, porque o próprio Deus é o primeiro e o único, escreve que rezou e reza de modo autêntico, adorando a todo instante o Pai e fazendo da adoração muda "o mais eloquente dos louvores: *Tibi silentium laus*".

Escreve para a irmã, poucos dias após ter deixado a Trapa, enquanto se prepara para partir para Nazaré:

---

[3] C. DE FOUCAULD, *Carnet de Beni Abbés*, p. 110.

Como é bom o bom Deus para nós! – *Misericordias Domini in aeternum cantabo*: não quereríamos dizer outra coisa que estas palavras por toda a vida, como não diremos outras, como não viveremos de outras pela eternidade... Derramemo-nos em reconhecimento, em alegria, em bênçãos, olhando as bondades de Deus para com todos os homens, seu amor inaudito por cada um de nós; contemplemo-lo e digamos que somos um daqueles pequenos seres que ele tanto amou... [...] Quem somos nós, para ser tratados tão ternamente por Deus?...[4]

Reconhecimento, amor, abandono se entrelaçam. O amor de Deus é uma dimensão da vida, que envolve totalmente quem se deixa interpelar por ele:

"Tendo amado os seus que estavam no mundo, amou-os até o fim." Como sois bom, meu Deus, para continuar a vossa obra "de acender na terra o fogo" do amor de Deus, dizendo e provando a nós que Deus nos ama... Nada leva mais a amar alguém do que saber que é amado por ele... Levai-nos a amar-vos dizendo que nos amais e provando-o com um milagre de amor... Dissestes, declarastes duas vezes, que nos amais: "Tendo amado os seus" dizeis uma primeira vez, e acrescentais: "Amou-os até o fim mais inaudito"... E depois dessa dupla declaração de amor, nosso Deus nos prova a imensidade do seu amor, dando a si mesmo a nós, dom que prova que se ama totalmente, sem reserva, aquele ao qual alguém se dá totalmente e sem reserva, que se ama com todo seu coração, com todo seu ser, aquele ao qual se abandona, ao qual se dá todo seu ser. Ó meu Deus, como sois imensamente, infinitamente, divina-

---

[4] C. DE FOUCAULD, *Lettre du 31 janvrier 1897.*

mente amante! Sagrado Coração de Jesus, que abismo de amor sois! *"Cor altum"*, adoro-vos, lanço-me a vós, consumi-me.[5]

Em 3 de abril de 1905, quando está em pleno deserto, na segunda travessia do Hoggar em direção aos tuaregues, evoca *a última recomendação de Jesus*, o *mandamento novo* de amar-se uns aos outros como ele nos amou. Depois de uma longa série de citações evangélicas, anota:

> O resumo de toda religião é meu Coração. [...] Meu Coração vos recorda que Deus é *amor*, e que, como ele, deveis *ser amor*... Meu Coração vos recorda que Deus é *amor* e que vós sereis perfeitos à medida que vos assemelhardes a ele, estiverdes unidos a ele, transformados nele, sendo como ele *todo amor*.[6]

Também sobre isso tranquiliza várias vezes Louis Massignon, escrevendo-lhe:

> O amor consiste não em sentir que se ama, mas em querer amar: quando se quer amar, se ama; quando se quer amar acima de tudo, ama-se acima de tudo... Se acontece de sucumbir a uma tentação, é porque o amor é demasiado fraco, não porque não exista: é preciso chorar, como São Pedro, arrepender-se, como São Pedro, humilhar-se como ele, mas também como ele dizer por três vezes: "Eu te amo, amo-te, tu sabes que, apesar das minhas fraquezas e dos meus pecados, eu te amo"... Quanto ao amor que Jesus tem por nós, já o provamos bastante, porque cremos sem o sentir: sentir que o amamos e que ele

[5] C. DE FOUCAULD, *L'imitation*, p. 204-205.
[6] C. DE FOUCAULD, *L'Evangile présenté*, p. 139.

nos ama seria o céu: o céu não é, salvo raros momentos e raras exceções, para aqui embaixo...[7]

A confirmação de tudo isso nos vem, mais uma vez, por Abbé Huvelin. Quando apresenta o jovem convertido ao abade de Solesmes para um retiro, fala dele como de "um ex-oficial, intrépido viajante pelo Marrocos, fervoroso peregrino na Terra Santa, perfeito cavalheiro, muito bom cristão, que faz da religião um amor".[8] Por sua vez, noviço na Trapa, Irmão Charles escreve a seu amigo geógrafo Duveyrier: "O amor de Deus, o amor dos homens, é toda minha vida, será toda minha vida, espero".[9] Na longa carta de 14 de agosto de 1901, na qual conta sua conversão a H. de Castries, escreve: "O Evangelho mostrou-me que 'o primeiro mandamento é amar a Deus com todo o coração' e que era preciso encerrar tudo no amor". Mais tarde, Abbé Huvelin, quando recomenda o filho espiritual ao Prefeito Apostólico do Saara, retrata-o assim: "Amor pelo silêncio, pela ação obscura... Nada de bizarro nem de extraordinário, mas instrumento duro para um trabalho rude. [...] Firmeza, desejo de ir até o fundo no amor e no dom, de tirar disso todas as consequências, nunca desanimando, nunca, um pouco de aspereza às vezes, mas que se abrandou muito!".[10]

Um amor que nunca diminuiu durante toda sua vida e que ele soube transferir para o apostolado. A existência de Charles de Foucauld não foi uma existência contemplativa, fechada em si mesma, mas aberta ao apostolado e inserida na longa fileira dos santos que fizeram da sua existência um prolongamento da existência de Jesus Cristo. Irmão Charles

---

[7] J.-F. Six, *L'aventure*, p. 205.
[8] C. de Foucauld, *Huvelin*, p. 37.
[9] Cf. *Positio*, p. 263-266.
[10] C. de Foucauld, *Huvelin*, p. 271-272.

passa da contemplação para o ministério, impelido pelo desejo de que todos os seres humanos sejam salvos. Trabalhar pela sua salvação significa, a seu ver, trabalhar sem se cansar "na medida do nosso amor por Deus", cuja glória é exatamente o bem das almas, fazendo da sua vida uma obra de salvação, até dá-la por ele. Na festa de Santa Maria Madalena, exprime assim sua certeza:

> Teremos uma devoção particular por Santa Maria Madalena, para quem seu grande amor mereceu um lugar especial no Evangelho e a graça de ser a primeira, depois da santa Virgem, a ver Jesus ressuscitado, e que nos apresenta na sua vida um modelo tão perfeito de como deve ser a nossa: amorosa contemplação e apostolado fecundo.[11]

Da contemplação à missão e da missão à contemplação: esta é, aos olhos de Irmão Charles, a dinâmica do apostolado. Nesta ótica, o verdadeiro apóstolo ou missionário é aquele que, mesmo trabalhando com ardor e generosidade para levar todos os homens a Cristo, único salvador, conserva uma vida muito contemplativa. O verdadeiro apóstolo é o contemplativo! É aquele que sabe contemplar incessantemente o mistério de Cristo para depois testemunhar com a qualidade da própria vida evangélica o alto destino, ou seja, a santidade, à qual Deus nos chama a viver com aquela mesma admiração que teve Isabel ao acolher Maria no mistério da Visitação. E, como Maria, proferir aquela palavra que se torna cântico profético, porque o encontro entre Deus e o ser humano se torna história sagrada, história da salvação.

Irmão Charles está plenamente convencido e certo de que "todos os homens, bons ou maus... todos são filhos de Deus,

---

[11] C. DE FOUCAULD, *Règlements et Directoire*, p. 628.

amados por ele, criados à sua imagem" e salvos "a preço tão grande" por Jesus Cristo que quis encarnar-se e morrer pela salvação de todos. Dessa certeza brota o dever. Charles de Foucauld reforça essa ligação entre contemplação e missão ao ler o livro *A alma de todo apostolado*, de Jean-Baptiste Chautard, para o qual "todo ministério é a consequência de uma união íntima com Deus, através de uma vida interior profunda". Charles, então, apresentará seu apostolado como "o efeito natural, o fruto, a expressão visível" da vida oculta, da adoração silenciosa e da contemplação amorosa daquele que é a Verdade. Para ele, a contemplação é um "impulso contínuo de amor", um "divino tu a tu" com Deus, que é Amor.

Essa união íntima com Jesus, possibilitada pelo Espírito Santo que habita nele, concretiza-se na caridade. Dirá: "Tem-se a caridade à medida que se tem Jesus; vive-se de caridade à medida que se vive de Jesus", isto é, à medida que se vive uma vida de união íntima com Jesus na contemplação contínua. A contemplação, cumulando a alma com a presença de Jesus, a acenderá com tão grande "amor pelas almas", com tão viva caridade pelo próximo e com um desejo tão ardente da glória de Deus que não faz ficar inativo, mas impele a consumir sua existência a serviço do Pai, fazendo sua a obra de Jesus, ou seja, a salvação das almas. Assim escreve, em 17 de julho de 1901, a Pe. Jérôme de Notre-Dame des Neiges, onde espera sua partida para a Argélia:

> Não creio poder fazer a eles um bem maior do que levar-lhes, como Maria na casa de João, no momento da Visitação, Jesus, o bem dos bens, o *Santificador* supremo. Jesus, que estará sempre presente entre eles no tabernáculo e, espero, presente também no ostensório. Jesus, que se oferece cada dia no Santo Altar pela conversão deles; Jesus, que os bendiz cada dia na bênção

do Santíssimo; eis o bem dos bens, nosso tudo, Jesus; e, ao mesmo tempo, embora em silêncio, faríamos esses irmãos ignaros conhecerem, não com a palavra, mas com o exemplo e, sobretudo, com a universal caridade, o que é nossa religião, o que é o espírito cristão, o que é o *Coração* de Jesus.[12]

Além do mais, essa "contemplação" não só é preparatória para a missão como também deve acompanhá-la, sustentá-la. O apóstolo, que na contemplação faz experiência do *Verbo da vida*, deve voltar aí e mergulhar continuamente. Por isso, todo apóstolo deve organizar-se de modo a ter uma vida muito contemplativa para receber de Deus a graça e a força de ser uma pessoa das Bem-aventuranças, isto é, capaz de percorrer os "caminhos da missão" na "pobreza, mansidão, aceitação dos sofrimentos e perseguições, desejo de justiça e de paz, caridade", com um coração cumulado da alegria que nasce de viver o Evangelho ou, como diria o próprio Irmão Charles, de "ser evangelhos vivos". Aqui voltemos àquele princípio tão caro a ele: "Que façamos o bem não na medida do que se diz ou se faz, mas na medida do que se é" e que "pode-se fazer o bem aos homens, muito bem, um bem infinito, um bem divino, sem palavras, sem pregações, sem fazer barulho, no silêncio e dando o bom exemplo".[13] Já o dissemos outras vezes: um testemunho assim pede ao apóstolo que seja um ícone vivo de Jesus, um *Alter Christus*.[14] O amor de Deus o impele a amar os seres humanos como Jesus os amou. O coronel Emile Regnault, que conhecera Irmão Charles em Tamanrasset, no seu processo de beatificação testemunhou: "Era o amor de Deus que o impelia a ajudar o próximo".

---

[12] C. DE FOUCAULD, *Dernière place*, p. 240.

[13] C. DE FOUCAULD, *Règlements et directoire*, p. 109-110.

[14] C. DE FOUCAULD, *Seul avec Dieu*, p. 180.

Um estilo de apostolado que encontrou em São João Paulo II a confirmação para nossos dias, com a encíclica *Redemptoris missio*, que, no capítulo VIII (n. 87-91), fala da espiritualidade missionária. O Santo Padre nos recorda que "não se pode testemunhar Cristo sem espelhar sua imagem, que é gravada em nós por obra e graça do Espírito"; ele recorda que o missionário deve cultivar uma "comunhão íntima com Cristo" e fazer seu o "zelo pelas almas", que foi o de Jesus, e que dele aprende sua própria caridade, "feita de atenção, ternura, compaixão, acolhimento, disponibilidade e empenho pelos problemas da gente". Imitando essas suas virtudes, "o missionário é o homem da caridade: para poder anunciar a todo irmão que Deus o ama e que ele próprio pode amar, ele terá de usar de caridade para com todos, gastando a vida a serviço do próximo. Ele é o 'irmão universal', que leva consigo o espírito da Igreja, sua abertura e amizade por todos os povos e por todos os homens, particularmente pelos mais pequenos e pobres".

Ele afirma que o verdadeiro missionário é santo: "Todo missionário só o é autenticamente se se empenhar no caminho da santidade". E conclui: "O missionário deve ser 'um contemplativo na ação' [...]. O missionário, se não é contemplativo, não pode anunciar Cristo de modo credível. Ele é uma testemunha da experiência de Deus e deve poder dizer como os Apóstolos: 'O que nós contemplamos, ou seja, o Verbo da vida... nós vos anunciamos' (1Jo 1,1)". E depois: "O missionário é o homem das Bem-aventuranças. Jesus dá instruções ao Doze, antes de os enviar a evangelizar, indicando-lhes os caminhos da missão: pobreza, humildade, desejo de justiça e paz, aceitação do sofrimento e perseguição, caridade, que são precisamente as Bem-aventuranças, concretizadas na vida apostólica (Mt 5,1)".

Em nossa opinião, Irmão Charles realizou plenamente essa exortação do Papa ou talvez seja lícito pensar que o Santo Padre, para escrever estas passagens, se tenha inspirado nele...

8

JESUS + CARITAS

*Creio que não há palavra do Evangelho
que tenha sobre mim uma impressão mais profunda
e transformado tanto minha vida do que esta:
"Tudo o que fazeis a um destes pequenos
é a mim que o fazeis". Ao se pensar que estas palavras
são palavras da Verdade incriada,
ditas por aquela boca que disse "isto é o meu corpo...
isto é o meu sangue", com que força se é levado a buscar
e amar Jesus "nestes pequenos",
nestes pecadores, nestes pobres...
(Charles de Foucauld)*

Na exortação *Gaudete et exsultate*, o Papa Francisco nos leva a intuir que o ápice das Bem-aventuranças encontra-se em Mateus 25, quando escreve no n. 95: "No capítulo 25 do Evangelho de Mateus (vv. 31-46), Jesus volta a deter-se em uma destas bem-aventuranças: a que declara felizes os misericordiosos. Se andamos à procura da santidade que agrada a Deus, neste texto encontramos precisamente uma regra de comportamento com base na qual seremos julgados: 'Tive fome e destes-me de comer, tive sede e destes-me de beber, era peregrino e recolhestes-me, estava nu e destes-me que vestir, adoeci e visitastes-me, estive na prisão e fostes ter comigo' (25,35-36)".

Ora, se há um texto inspirador e importante na vida e na pastoral de Charles de Foucauld, é exatamente esta passagem de Mateus 25, que Irmão Charles lê na ótica que nos indicou Papa Francisco no número seguinte, o n. 96: "Desse modo, ser santo não significa revirar os olhos em um suposto êxtase. Dizia São João Paulo II que, 'se verdadeiramente partimos da contemplação de Cristo, devemos saber vê-lo sobretudo no rosto daqueles com quem ele mesmo se quis identificar'. O texto de Mateus 25,35-36 'não é um mero convite à caridade, mas uma página de cristologia que projeta um feixe de luz sobre o mistério de Cristo'. Nesse apelo a reconhecê-lo nos pobres e atribulados, revela-se o próprio coração de Cristo, seus sentimentos e suas opções mais profundas, com os quais se procura configurar todo o santo".

O Santo Padre parece fazer eco às palavras de Charles de Foucauld, quando afirma: "Os pobres são o próprio Nosso Senhor e 'tudo o que fizerdes a um só destes meus irmãos mais pequenos, fizestes a mim'". E ainda: "Considerar todo homem como Nosso Senhor" e "Em cada homem verão Jesus".[1]

Então, vendo "Jesus em cada homem", Charles de Foucauld aplica sabiamente a passagem de Mateus 25, que lhe transformou a vida:

---

[1] C. DE FOUCAULD, *En vue de Dieu seul*, p. 124-125.

"Tudo o que fizestes a um só destes meus irmãos mais pequeninos, fizestes a mim." Tenhamos fé nesta palavra e nossa vida se transformará! No Evangelho não há palavra capaz de mudar a existência como esta. Faz-nos ver tudo com novo olhar, e que olhar! Os homens não são mais somente nossos irmãos, são Jesus mesmo. Tudo o que fazemos para eles, fazemos para Jesus. Em todos vemos Jesus. Que mudança no fundo do nosso coração! Que mudança na nossa vida espiritual! Todo pobre, todo sofredor, é Jesus! Crer que o pobre é Jesus e agir consequentemente! Privamo-nos de tudo para dar a Jesus pobre. Que transformação em nossa vida![2]

Esse compromisso de servir os pobres, sempre para imitar e para configurar-se a Jesus, é um compromisso sustentado pela certeza da fé:

É a fé, junto com a caridade, que Jesus nos ordena aqui [em Mt 25]: ordena uma fé que nos conduz à caridade; esta fé consiste em ver a ele mesmo em cada ser humano; quer que nós creiamos que ele está unido, com amor tão terno, a cada ser humano, de modo que todo bem ou todo mal feito a um deles é sentido por ele como se fosse feito a ele mesmo; ordena que creiamos isto... [...] Esta fé é indispensável e, quanto mais viva for, mais será luminosa, constante, sem fraqueza, melhor cumprirei os deveres de amor que daí derivam, deveres que devem transformar inteiramente minha vida.[3]

No *Regulamento dos Irmãozinhos do Sagrado Coração de Jesus*, de 1899, no artigo XXX, recomenda-lhes que deem

---

[2] Ibid.
[3] C. DE FOUCAULD, *L'esprit de Jésus*, p. 125-126.

hospitalidade a todos, cristãos ou infiéis, conhecidos ou não, amigos ou inimigos, bons ou maus, e acolhê-los com alegria, porque são "o tesouro dos tesouros, o próprio Jesus", e "tudo o que tiverdes feito a um só desses meus irmãos, fizestes a mim".

Essa atenção a todos os pobres concretiza-se depois na bondade, uma grandíssima bondade para com o próximo, como lhe havia sugerido Abbé Huvelin: "O meu apostolado deve ser o apostolado da bondade. A me ver, deve-se dizer: 'Já que esse homem é tão bom, sua religião deve ser boa'. Se me perguntarem porque sou gentil e bom, devo dizer: 'Porque sou o servo de um muito melhor do que eu. Se vós soubesses como é bom meu Mestre Jesus!'".[4]

Bondade que se realiza na caridade, na esmola aos pobres, em dar de comer aos famintos, em fornecer roupa aos pequeninos, em curar todos:

> Os irmãozinhos do Sagrado Coração de Jesus darão a esmola, a hospitalidade e os medicamentos com uma extrema caridade, como a irmãos bem-amados, a todos aqueles que o pedirem, cristãos ou infiéis, bons ou maus. Cercarão de cuidados particulares os pobres e os infelizes, membros sofredores de Nosso Senhor Jesus, os pecadores e os infiéis, para "vencer o mal com o bem". Não farão nenhuma exceção de ninguém.[5]

O amor pelos mais pobres conduziu-o a preocupar-se com a sorte dos escravos, porque "aqui a obra dos escravos tem uma grandíssima importância: são muito numerosos e muito miseráveis. [...] A sua miséria material é externa, sua miséria

---

[4] C. DE FOUCAULD, *Carnets de Tamanrasset*, p. 188.
[5] C. DE FOUCAULD, *Règlements et Directoire*, p. 236.

moral maior ainda".[6] Uma caridade que não deixa ninguém indiferente. O General Niéger testemunha: "Foucauld se ocupava com mais boa vontade das pessoas mais pobres e daquelas verdadeiramente necessitadas, e, mesmo se tivesse poucos recursos, encontrava sempre o modo de dar-lhes alguma coisa, privando-se ele mesmo para cumprir o que considerava um dever de caridade".[7]

Essa caridade, princípio unificador de toda sua vida, tem quatro aspectos.

1. TORNA-SE SERVIÇO

Conquistado por Jesus, sem que diminua minimamente o vigor da sua contemplação, pode espalhar para fora a superabundância do seu amor fraterno pelos outros. Por isso, para Irmão Charles o encontro com o outro nunca é pobre ou banal, mas alcança uma delicadeza e uma fineza que causa admiração, sabendo que "esse comportamento fraterno não devia ser natural a um homem feito para o comando e para a organização".

Um encontro que sabe estar atento às pessoas e entrar na vida cotidiana com estima e amizade, delicadeza e grande fraternidade humana. Um serviço que não é reservado só às grandes obras para o progresso do Saara, mas também às pequenas coisas e atenções diárias. Por isso, recomenda a seus futuros seguidores: "Os Irmãos devem testemunhar entre si esta ternura recíproca com todas as atenções, as delicadezas, todos os pequenos serviços possíveis, [...] ajudando uns aos outros nos trabalhos, nas dificuldades, nos sofrimentos do corpo, nas dores do coração, para ajudar uns aos outros a se tornarem cada dia mais santos".[8]

---

[6] C. DE FOUCAULD, *Correspondances sahariennes*, p. 62.
[7] Cf. *Positio*, p. 284.
[8] C. DE FOUCAULD, *Règlements et Directoire*, p. 193.

É precisamente na proximidade, para exercer com delicadeza essa caridade, que todo o estudo da língua e da cultura tuaregue encontra significado, porque sabe que é o único meio não somente para preparar o caminho aos missionários que virão depois dele como, sobretudo, para entrar em contato com as pessoas, convencido de que não poderá "fazer o bem aos tuaregues senão falando com eles e sabendo sua língua". Sabe que desse modo poderá compreendê-los melhor, compreender sua cultura; intui que esse conhecimento o fará estimar os seus vizinhos, a estima gerará o amor e o amor, a fraternidade.

Será o estilo de apostolado dos Irmãozinhos e das Irmãzinhas de Jesus: "Que sejam bons, porque é um dos grandes meios para fazer o bem às almas: que os irmãos e as irmãs sejam bons para se fazerem amar e para amar tudo o que é deles, sua religião, seu Mestre".[9] Portanto, a bondade não só como ocasião de uma boa ação que acaso se faça como também estilo de vida, dimensão da existência inteira.

2. TORNA-SE BOM EXEMPLO

Irmão Charles sabe que, entre os muçulmanos iletrados, não são tanto as palavras que contam, mas o exemplo. Sabe que o exemplo os atinge muito e os ajuda a refletir sobre si e sobre sua vida. Não é um bom exemplo moralista, mas um bom exemplo que tem raiz em Jesus Cristo: "Ser modelos de vida evangélica, isto é, de Jesus", porque, escreve, "o padre é um ostensório, e seu papel é mostrar Jesus; deve desaparecer para que se veja Jesus". Logo depois, como que para não ficar no vazio, acrescenta: "Esforçar-me para deixar uma boa recordação nas almas de todos aqueles que vêm a mim.

---

[9] Ibid., p. 52.

Fazer-me tudo para todos: rir com quem ri, chorar com quem chora, para levar todos a Jesus. Colocar-me de bom grado ao alcance de todos, para atrair todos a Jesus".[10]

> Daqui nasce o estilo de acolhimento de todos: acolher o próximo é acolher um membro de Jesus, uma porção do corpo de Jesus, uma parte de Jesus; tudo aquilo que dizemos, fazemos ao próximo é, portanto, Jesus que o escuta, o recebe: é a ele que é dito, que é feito... Com que amor, com que respeito, com que alegria, com que desejo de fazer àquele que se apresenta a nós o maior bem possível na sua alma, ou no seu corpo, segundo as suas necessidades e nossa possibilidade; com que terna prontidão devemos acolher todo aquele que se apresenta a nós, todo ser humano, quem quer que seja! ... O pobre que bate timidamente à porta, nosso superior que vem fazer-nos visita em nome da Igreja e da Santa Sé, todos, todos, todos, o pobre turco e o bispo, todos, todos, e acolhendo-os como se acolhe Jesus.[11]

Rejeitando toda atitude triunfalista, quer ser entre os tuaregues "o apóstolo da presença divina", mostrando em si mesmo uma "imagem" do Cristo. Em uma nota escrita durante o retiro feito em Ghardaia, no Advento de 1904, escreve: "Mostrar em mim 'a religião cristã vivenciada', o que é um cristão, um retrato de Jesus, *Christianus alter Christus*".[12] Animado por um autêntico espírito apostólico, devorado por uma "fome ardente da santidade de todos os homens". Espírito apostólico que se manifestará não tanto com a pregação, mas acima de tudo com um testemunho de ardente amor por Deus e pelas pessoas

---

[10] C. DE FOUCAULD, *Carnets de Tamanrasset*, p. 188.
[11] C. DE FOUCAULD, *Petit frère de Jésus*, p. 37.
[12] C. DE FOUCAULD, *Seul avec Dieu*, p. 183.

na vida comum de todos os dias, chegando ao dom total de si na morte: "A minha vida consiste, portanto, em estar o máximo possível em relação com todos os que me cercam e prestar a eles todos os serviços possíveis".[13]

3. TORNA-SE AMIZADE

A amizade deve existir não só entre os cristãos como também estender-se àqueles que não são cristãos ou pertencem ao mundo islâmico. Uma amizade que Irmão Charles aprendeu em contato com os tuaregues, porque, ao chegar à Argélia, compartilha a mentalidade do seu tempo, cheia de preconceitos em relação aos argelinos e ao Islã. Pouco a pouco, ao conhecê-los, abandona esses preconceitos e inicia amizade com eles, cheia de afeto e de confiança recíproca: "Meus vizinhos tuaregues são sempre muito amigáveis e confiáveis". Escreve ao Pe. Voillard, em 1912: "A confiança que os meus vizinhos tuaregues têm em mim está aumentando: os velhos amigos se tornam sempre mais íntimos, fazem-se novas amizades. Presto serviço em tudo o que posso e procuro mostrar-lhes que os amo".[14]

Respondendo a R. Bazin, seu futuro biógrafo, que lhe pede informações sobre as missões católicas na Argélia, Irmão Charles responde:

> É preciso fazer-nos aceitar pelos muçulmanos, tornar-nos para eles o amigo seguro, para o qual se vai quando se está na dúvida ou no sofrimento; sobre seu afeto, sua sabedoria e sua justiça se pode contar absolutamente. É somente quando se chegou a esse ponto que se pode fazer o bem às almas. [...] Pouco a pouco a intimidade se

---

[13] J.-F. Six, *Aventure*, p. 202.
[14] C. de Foucauld, *Correspondances Sahariennes*, p. 863.

estabelece; falo, sempre ou quase sempre pessoalmente, do bom Deus, de maneira breve, dando a cada um o que pode suportar: fuga do pecado, ato de amor perfeito, ato de contrição perfeito, os dois grandes mandamentos do amor de Deus e do próximo, exame de consciência, meditação sobre os novíssimos, dever das criaturas de pensar em Deus etc., dando a cada um segundo suas forças e prosseguindo lentamente, prudentemente.[15]

Ao chegar a Tamanrasset, um lugar isolado, sem grande futuro, onde poderá viver uma vida humilde, pobre e escondida, quer fazer amizade com seus habitantes. Ser amigo para dar um rosto concreto ao ser irmão universal, para poder chegar, como Jesus, ao coração de todos, de todos se encarregar e a todos oferecer o amor de Deus, revelado por Jesus. Uma amizade que não se impõe, mas que se oferece, vai em direção a eles, está sempre disponível aos vizinhos, a todos aqueles que batem à sua porta.

Mais uma vez, Charles de Foucauld dá como programa de vida aos seus eventuais discípulos exatamente essa amizade fraterna a ser vivida com todos, sobretudo com "os pobres e os infelizes":

> Salvo por razões de saúde, darão a todos os hóspedes, aos mais pobres como aos mais ricos, a mesma comida, o mesmo alojamento, os mesmos cuidados, vendo em todos o próprio Jesus. Que sua universal e fraterna caridade brilhe como um farol; que ninguém, em um grande raio ao redor, mesmo que se trate de um pecador ou de um infiel, ignore que eles são os amigos universais, os irmãos universais, que consomem sua vida rezando por todos os homens sem exceção e fazendo o bem a

---

[15] J.-F. Fix, *L'aventure*, p. 202.

eles; que sua fraternidade é um porto, um asilo onde todo ser humano, especialmente se for pobre ou infeliz, é a todo momento convidado fraternalmente, desejado e acolhido, e que ela é, como diz o nome, a casa do Sagrado Coração de Jesus, do amor divino que irradia na terra, da Caridade ardente, do Salvador dos homens.[16]

4. TORNA-SE INTERCESSÃO

Para Charles de Foucauld, a intercessão é uma verdadeira forma de apostolado que lhe permite "ir a todo o universo e abraçar todos os homens", e é também um dos "meios" mais poderosos e mais eficazes para fazer o "maior bem possível tanto às almas como aos corpos". Ao meditar a passagem evangélica de Mateus 18,14 – Jesus bom pastor em busca da ovelha desgarrada –, ele escreve:

> Façamos como ele [Jesus], e já que nossas orações são uma força e têm certeza de obter aquilo que pedem, corramos com nossas preces em busca dos pecadores, façamos para eles a obra para a qual nosso divino Esposo se encarnou...[17]

Uma força ainda maior nas mãos daqueles que são chamados à vida apostólica:

> Se não somos chamados à vida apostólica, devemos rezar pela conversão dos pecadores, pois a oração é quase o único meio poderoso, amplo, que temos para fazer o bem, para ajudar nosso Esposo no seu trabalho, para salvar seus filhos, para tirar de um perigo mortal aque-

---

[16] C. DE FOUCAULD, *Règlements et Directoire*, p. 239-240.
[17] C. DE FOUCAULD, *L'esprit de Jésus*, p. 46.

les que ele ama apaixonadamente e que nos ordenou, no seu testamento, que amássemos como ele mesmo os ama...[18]

Enquanto para aqueles que são chamados à vida apostólica é uma *conditio sine qua non* para que seu apostolado seja fecundo:

> Se formos chamados ao apostolado, nosso apostolado só dará fruto se rezarmos por aqueles que queremos converter, já que Nosso Senhor só da àquele que pede, só abre àquele que bate... Para que Deus ponha palavras boas em nossos lábios, inspirações boas em nossos corações, a boa vontade nas almas daqueles aos quais nos dirigimos, precisamos da graça de Deus e, para recebê-la, é preciso pedi-la...[19]

Em todo caso, todos somos chamados a ser orantes, cada dia, para dar fruto no seguimento de Jesus bom pastor:

> Assim, qualquer que seja nosso tipo de vida, rezemos muito, muito pela conversão dos pecadores, porque é sobretudo para eles que Nosso Senhor trabalha, sofre e ora... Rezemos cada dia com toda nossa alma pela salvação e pela santificação destes filhos desgarrados, mas bem-amados por Nosso Senhor, a fim de que não pereçam, mas sejam felizes; rezemos cada dia por eles longamente e com toda a alma, para que o coração de Nosso Senhor seja consolado pela sua conversão e se alegre com sua salvação.[20]

---

[18] Ibid.
[19] Ibid.
[20] Ibid.

A seu ver, a intercessão é outro modo para fazer o bem "aos pequeninos". Escreve a Louis Massignon:

> Pensai muito nos outros, rezai muito pelos outros. Dedicar-se à salvação do próximo com os meios que estão no vosso poder, oração, bondade, exemplo etc., é o modo melhor de provar ao divino Esposo que o amais: "Tudo aquilo que fazeis a um destes pequeninos, é a mim que fazeis...". A esmola material que fazeis a um pobre é para o criador do Universo que fazeis; o bem que fazeis à alma de um pecador é à pureza incriada que o fazeis...[21]

Papa Francisco, sempre no n. 96 da *Gaudete et exsultate*, escreve: "Neste apelo a reconhecê-lo nos pobres e atribulados, revela-se o próprio coração de Cristo, os seus sentimentos e as suas opções mais profundas, com os quais se procura configurar todo o santo". Isto é verdade, e Charles de Foucauld soube reconhecer Jesus nos pobres e sofredores, revelando-nos o próprio coração de Cristo, seus sentimentos e suas opções mais profundas, às quais procurou conformar-se durante toda a vida.

---

[21] J.-F. Six, *L'aventure*, p. 210.

9

"PREGAR O EVANGELHO... COM A VIDA"

*Vós me perguntais se estou pronto
a ir a outro lugar que não Beni Abbes
para a difusão do Evangelho:
para isto estou pronto a ir até o fim do mundo
e a viver até o juízo universal.*

(Charles de Foucauld)

Para compreender melhor ainda a missão de Charles de Foucauld, há outros dois ou três aspectos a acentuar.

Charles de Foucauld receberá a ordenação sacerdotal em 9 de junho de 1901, em Viviers (França). Configurado a Cristo sacerdote, deseja intensamente ser com ele, salvador, não voltando mais à Terra Santa, mas indo ao Marrocos, junto daqueles povos que o despertaram para a fé. E quer ir aí não como os missionários do seu tempo, mas com sua característica própria, a de Nazaré:

Acabei de ser ordenado sacerdote e estou tomando providências para ir continuar no Saara "a vida oculta de Jesus em Nazaré", não para pregar, mas para viver na solidão, na pobreza, no trabalho humilde de Jesus, buscando fazer o bem às almas não através da palavra, mas através da oração, do oferecimento do Santo Sacrifício, da penitência, da prática da caridade.[1]

Em 1º de novembro de 1901, escreve a seu diretor espiritual: "Acabei de chegar a Beni Abbes, lugar do meu repouso! Espero que seja daqui que a minha alma partirá para a outra vida...".[2] Para isso procurará criar uma pequena comunidade cristã, e escreve até um catecismo – "o Evangelho apresentado aos pobres do Saara" – para os eventuais catecúmenos. Mas seu projeto não durará muito. Eram demasiadas as contradições do seu querer viver "como monge" e seu desejo de viver a vida de Nazaré com todos aqueles que frequentavam a fraternidade.

Será um dos motivos que o convencerão a aceitar o convite para se estabelecer em Tamanrasset, onde deixa de lado o estilo de vida monástico e empenha-se totalmente para ter "por objetivo a vida de Nazaré, em tudo e por tudo, na sua simplicidade e na sua amplidão". Ao reencontrar o espírito original de Nazaré, nesses anos de vida em Tamanrasset, Irmão Charles encontra também seu modo de ser apóstolo, de evangelizar. Aquele em cujo peito ardia um fogo para manifestar as maravilhas de Deus dá-se conta de que os muçulmanos não estão tão prontos a acolher o Evangelho, e então deve abandonar todo espírito de conquista e abraçar o espírito da expectativa, cheia de bondade, um apostolado de humilde presença: antes da catequese é necessário criar laços com as pessoas. E então Irmão Charles quer tornar-se "do país". Fórmula que encerra seu desejo profundo de encarnar-se entre aquela gente, de tornar-se um deles, de morar com eles, para que a redenção de Cristo seja viva e verdadeira também para aqueles seus irmãos. Daí o grande

---

[1] C. DE FOUCAULD, *Castries*, p. 51.
[2] C. DE FOUCAULD, *Huvelin*, p. 194.

compromisso que assumirá até à morte, de estudar a língua e a cultura dos tuaregues e poder anunciar-lhes o Evangelho. Quer conhecê-la bem para tornar-se um morador do Hoggar em sentido pleno, para tornar-se tuaregue com os tuaregues, como teria feito São Paulo, e para poder falar com eles, se lhe pedirem, do seu Senhor na língua deles.

Em Tamanrasset, Irmão Charles compreende que Nazaré não é mais um lugar para reproduzir sob a forma de mosteiro, mas para viver em fraternidade lá onde o Senhor o chama e o envia. A vida de Nazaré, então, pode ser vivida em qualquer parte, porque é "viver com" a gente, sem nenhuma separação material, vivendo o máximo possível como eles, dando-lhes o testemunho do Evangelho em simplicidade e fraternidade. É um "buscar o último lugar", um "sepultar-se na escuridão", não se isolando dos outros, mas, ao contrário, fundindo-se na vida comum e fraterna com os outros. E, por isso – repetimos –, Nazaré não é mais questão de viver em um lugar, mas de imitar a vida de Jesus em Nazaré, a caridade que ele teve com seus concidadãos.

Termina, então, a meditação de 22 de julho de 1905, festa de Santa Maria Madalena, santa que lhe era particularmente cara, escrevendo: "Ama Jesus com todo o teu coração *dilexit multum*, e o teu próximo como a ti mesmo por amor dele... a tua vida de Nazaré pode ser vivida em toda parte: vivê-la no lugar mais útil para o próximo".[3] A imitação do Senhor não é apenas a vida íntima e cordial de Nazaré, como também fazer-se solidário como Jesus e morrer como ele e com ele, para que ele tenha a possibilidade de salvar toda a humanidade.

Esse enraizar-se, esse compartilhamento de vida toma o aspecto de um compromisso sério para o progresso dos tuaregues. Se por um lado devemos reconhecer que Charles

---

[3] C. DE FOUCAULD, *Carnets de Tamanrasset*, p. 46-47.

esteve certamente preso, por situação histórica e mentalidade, nas malhas da colonização – terá, no entanto, a coragem de denunciar as lentidões e os abusos, sobretudo da má administração colonial –, por outro lado é suficiente ler a correspondência desses anos para descobrir como sua caridade o impeliu a comprometer-se também em outros campos e de outros modos pelo desenvolvimento do Saara: desde o estudo da língua até o projeto da linha ferroviária transaariana; desde a instalação do telégrafo, a abertura de novas estradas no deserto, até às medições meteorológicas. Uma preocupação não muito conhecida é seu compromisso pela educação escolar e sanitária. Em nome da fraternidade e diante das necessidades do povo, escreve com insistência a Mons. Guérin para ter, além das Irmãs Brancas, também as Irmãs de São Vicente de Paula, para abrir escolas e dispensários primeiro em Beni Abbes e depois em Tamanrasset. Essa sua intervenção não chegará a cumprir-se, não pela falta de empenho de sua parte, mas pelas hesitações devidas à prudência do seu Prefeito Apostólico e à oposição do governo francês, com sua política anticlerical.

Nós o vemos também se preocupar com tudo o que pode ser útil aos seus vizinhos ou contribuir para melhorar suas condições de vida e de civilização: desde agulhas e tesouras para as mulheres, às sementes para os haratin, às casas que, pouco a pouco, substituem as tendas dos nobres em Tamanrasset:

> Tenho os visitantes. Visitas de cortesia, pedido de esmola, de medicamentos, de pequenos presentes; não dou pequenos presentes, exceto as esmolas, apenas na medida que for necessário para atrair aqueles que não viriam sem estas e travar conhecimento com as pessoas que sem isso permaneceriam estranhas: os presentes mais comuns são as agulhas de costura; um presente

superior são os grampos para prender roupa; um grande presente, coisa rara, uma navalha, uma faca ou tesoura; a algum privilegiado, uma caixa de fósforos. Feito isso, vejo muitíssima gente, sou ocupadíssimo, mas ficando interiormente muito só com o bom Deus.[4]

Se na sociedade tuaregue o presente tem um papel de laço social, além da necessidade real de quem pede, para ele terá também o papel e o significado de uma presença amiga:

> Para mim, os medicamentos e as esmolas não são um benefício temporal, mas um benefício espiritual. São um meio para entrar em boas e amigáveis relações com os indígenas, para romper o gelo, para inspirar-lhes confiança e amizade para comigo. Quando chego a uma aldeia, faço indicar-me os quatro ou cinco mais pobres, aos quais dou uma pequena esmola, e aviso a todos os doentes que estou à disposição para cuidar deles.[5]

Compartilhará a vida deles, rezará por eles, tornar-se-á amigo e conselheiro. E, para estar mais perto das pessoas, lá onde "as tendas (isto é, as mulheres, as crianças e os velhos) não se movem nunca", em 1910 iniciará a construção de um segundo eremitério, em uma alta montanha, no Assekrem, a sessenta quilômetros de Tamanrasset. Ali morará de 6 de julho a 15 de dezembro de 1911, contente com a beleza do lugar, que favorece a oração e o encontro mais prolongado, na amizade e na fraternidade, com os tuaregues.

Em 9 de julho de 1916, ao meditar pela última vez o mistério da Visitação, Irmão Charles resume assim sua presença

---

[4] C. DE FOUCAULD, *Lettre à son beau-frère R. de Blic*, 1º de janeiro de 1910.
[5] C. DE FOUCAULD, *Bondy*, p. 123-124.

entre os tuaregues: "Ir a eles e sacrificar-nos por eles; ir a eles como Jesus, na humildade, na mansidão, ensinando a verdade com o exemplo e a palavra; sacrificar-nos por eles consumindo nosso tempo e o que possuímos e oferecendo por eles nossas orações, nossos atos, nossos sofrimentos e nossa vida".[6]

Forte com essa experiência de compartilhar a vida com os tuaregues, depois de três anos vivendo em Tamanrasset, em 6 de março de 1908 escreve a seu Prefeito Apostólico:

> Pregar Jesus aos tuaregues, não creio que Jesus o queira nem de mim nem de nenhum outro. Seria o modo de retardar, não de avançar, sua conversão. Isso os colocaria em suspeita, os afastaria em vez de aproximá-los... [...] É preciso agir de modo muito prudente, brando, conhecê-los, fazê-los nossos amigos, e depois, pouco a pouco, se poderá ir mais longe com algumas almas privilegiadas, que terão vindo e terão visto mais do que as outras, e elas as atrairão...[7]

Estudando a figura de Irmão Charles, percebe-se que essa reflexão não nasceu abstratamente, mas é síntese de uma experiência fecunda e prolongada, cultivada sempre no rastro do ícone de Jesus em Nazaré. De fato, durante trinta anos, Jesus em Nazaré não pregou, nem realizou milagres e sinais, mas viveu entre seus conterrâneos; o anúncio do Reino foi comunicado por meio dos diálogos e das conversas diárias que ele teve com eles, por meio dos gestos de caridade, de serviço concreto que pôde prestar ou que lhe era pedido por seus vizinhos.

---

[6] C. DE FOUCAULD, *L'esprit de Jésus*, p. 295.
[7] C. DE FOUCAULD, *Correspondances sahariennes*, p. 605-606.

No entanto, Charles de Foucauld é bem consciente de que a obra de tal apostolado, marcado pela santidade e animado pelo amor cordial para com todos, não é fácil. Ele não tem nenhuma ilusão. Em seus escritos se encontram duas características que acompanham sempre e por toda parte a evangelização:

1. Ele sabe que deverá testemunhar sempre *in angustia temporum* (Dn 9,25). Ao seu Prefeito Apostólico, escreve em 21 de novembro de 1907: "Se esperamos estabelecer-nos nestas regiões, podendo entrar com as bandeiras desfraldadas, não entraremos nunca! São Pedro entrou em Roma só com a cruz, sem bandeira; São Paulo, com os ferros nas mãos: estes são os nossos exemplos e os nossos pais".[8]

2. Se a Igreja continua a testemunhar no sofrimento, o faz também sem causar barulho. Para isso cita, a seu modo, as palavras do profeta Isaías: *Aquae Salvatoris vadunt cum silentio* (Is 8,6).

Contudo, diante dessas dificuldades, sabe também que pode contar com o Espírito Santo. A seu ver, está claro que a Igreja, que nasceu no dia de Pentecostes, está toda imbuída e viva pelo Espírito Santo para continuar a missão de Jesus. Uma missão que exige um forte compromisso a se tornar santo. Santidade que para ele coincide com uma imitação e conformação ainda mais perfeitas a Jesus. Dizia a seus futuros discípulos:

> Será nosso compromisso imitar sem parar nosso bem-amado Senhor Jesus, de modo a sermos suas imagens fiéis em todos os nossos atos interiores e exteriores. [...] Buscaremos saber em tudo como pensava, falava, agia nas circunstâncias em que estamos, como pensaria,

---

[8] Ibid.

falaria, agiria no nosso lugar, e nos esforçaremos por reproduzir, com todo nosso coração, amorosamente em nós, os traços do nosso divino modelo. [...] Acima de tudo nos empenharemos especialmente em imitar as suas virtudes interiores, a conformar nossa alma à sua alma tão ardente de amor por Deus [...]. Recordar-nos-emos sem pausa que ele se dedicou à salvação dos homens a ponto de resumi-lo e significá-lo com seu nome de Jesus "Salvador" e [portanto] nós o imitaremos fazendo da salvação dos homens a obra da nossa vida.[9]

Convencido disso, Irmão Charles apresentará a santidade como a condição *sine qua non* a todo apóstolo e missionário que quiser dar frutos e tornar, portanto, seu apostolado fecundo:

Fazemos o bem não na medida do que dizemos ou fazemos, mas na medida do que se é, na medida da graça que acompanha os nossos atos, na medida na qual Jesus vive em nós, na medida em que os nossos atos são atos de Jesus, que age em nós e através de nós. [...] A primeira coisa a fazer para sermos úteis às almas é trabalhar com todas as nossas forças e continuamente em nossa conversão pessoal.[10]

Então, o Espírito Santo lhe sugere encontrar outras testemunhas que, como ele, saibam ganhar a confiança das pessoas, melhorar as suas condições de vida, familiarizá-las com o cristianismo. Não só sacerdotes e religiosos como também leigos, como Áquila e Priscila, de apostólica memória: "Seriam necessários cristãos como Priscila e Áquila, que fizessem o bem em silêncio, levando a vida de pobres

---

[9] C. DE FOUCAULD, *Règlements et Directoire*, p. 109-110.
[10] Ibid.

mercadores; em relação com todos, se fariam estimar e amar por todos, e fariam o bem a todos".[11] Leigos que se misturem com a população para dar testemunho da sua fé e do seu amor. Dois dias depois de sua chegada a Tamanrasset, logo escreve a Mons. Guérin:

> Gostaria de ver se estabelecer no Hoggar um médico devoto, um bom especialista em viveiros, em poços [...], alguma mulher que saiba tecer bem a lã, o pelo de camelo, o algodão, um ou dois comerciantes sérios, que vendam a preço razoável tecidos de algodão, de lã fabricados nos Oásis, ferramentas de ferro, quinquilharias, açúcar, chá, sal... Seria preciso gente boa que nos faça bendizer e não maldizer...[12]

Em uma longa carta a Abbé Caron, em 11 de março de 1909, que lhe perguntava acerca do seu modo de viver entre os tuaregues, escreve:

> [...] Não é apenas com dons materiais que devemos trabalhar para a conversão dos muçulmanos, é antes provocando o estabelecimento entre eles, a título de cultivadores, de colonos, comerciantes, artesãos, proprietários de terras etc., de excelentes cristãos de todas as condições, destinados a ser preciosos apoios dos missionários, para atrair com o exemplo, a bondade, o contato, os muçulmanos à fé, e para serem os núcleos aos quais possam ser acrescentados, um a um, os muçulmanos à medida que se convertam. [...] Mais [padres, religiosos e religiosas] podem entrar em relação, co-

---

[11] Cf. A. Mandonico, *Nazareth nella spiritualità di Charles de Foucauld*, Padova, ed. EMP, 2002, p. 269.

[12] C. de Foucauld, *Correspondances sahariennes*, p. 373.

meçar amizade, misturar-se a eles, tomar contato com eles. [...] Quem vive no mundo tem muitas vezes, ao contrário, grandes facilidades para entrar em relações estreitas com os muçulmanos. A ocupação deles: administração, agricultura, comércio, trabalhos de vários tipos, colocam-nos, se quiserem, em contínua relação com eles. O papel deles não é de fato instruir os muçulmanos sobre a religião cristã, completar sua conversão, mas prepará-la fazendo-se estimar por eles, fazendo cair os seus preconceitos mostrando como vivem, fazendo-os conhecer, através dos atos mais de que pelas palavras, a moral cristã; prepará-los conquistando sua confiança, seu afeto, sua amizade familiar: de modo tal que os missionários encontrem um terreno preparado, almas bem-dispostas, que vão espontaneamente, ou para as quais podem ir, sem obstáculos.[13]

Podemos concluir que Irmão Charles nos ensinou a estar entre as pessoas com o estilo de Jesus. Trata-se de saber estar na companhia de todos, habitar sua história com o estilo cristão e saber se relacionar, ser capazes de proximidade, de estar com as pessoas como são e onde estão, de perder tempo para elas, de apreciar os aspectos de humanidade que encarnam, de saber ver os homens e as mulheres de hoje com simpatia, testemunhando o Evangelho como palavra boa para a vida de todos. Uma palavra que se torna semente de santidade, de partilha, de diálogo, no peregrinar conjunto em direção ao Reino.

---

[13] *Lettres inédites du P. de Foucauld*, p. 56-61.

10

"TENDES UM SÓ PAI QUE ESTÁ NOS CÉUS"

Será dado às gerações que nos seguirem
ver a massa das almas da África do norte dizer junto:
"Pai nosso que estás no céu...", dirigindo-se a
Deus como ao Pai comum de todos os homens,
irmãos nele... amando o próximo
como a si mesmo? ... Não sei, é o segredo de Deus,
mas é nosso dever trabalhar nisso com todas as forças.
(Charles de Foucauld)

Charles de Foucauld amou as terras e, sobretudo, a gente do Islã. Nessas terras e entre esses povos, passou a maior parte da sua vida. Chegou ali pela primeira vez como oficial do exército francês, em 1881, com 23 anos, quando foi enviado para reprimir a insurreição de Bou-Amama. A expedição dura oito meses e Charles de Foucauld se revela um ótimo chefe, cheio de coragem e de generosidade. Essa breve experiência o marca profundamente, tanto que, ao término da expedição, entediado com a vida de quartel, apresenta sua demissão para preparar e realizar a exploração do Marrocos, então país quase desconhecido e rigorosamente proibido aos estrangeiros (10 de junho de 1882 a 23 de maio de 1884). Para completar e comparar os dados recolhidos em Marrocos, passa outros três meses no deserto argelino e tunisiano, redigindo páginas sugestivas sobre a beleza do deserto.

Nunca esquecerá essa experiência. O deserto, ou melhor, os habitantes do deserto, o seduziram. Muitos anos depois, escrevendo ao amigo H. de Castries, o qual pede informações para se estabelecer na fronteira marroquina, confessa que "o Islã me agradava muito com sua simplicidade, simplicidade de dogma, simplicidade de hierarquia, simplicidade de moral". "Sim, tendes razão, o Islã produziu em mim um abalo profundo... a vista dessa fé, dessas almas que vivem na contínua presença de Deus, me fez entrever algo de maior e de mais verdadeiro do que as ocupações mundanas: *ad majora nati sumus...*"[1]

Aqui gostaríamos de corrigir um lugar-comum. Quando refletimos sobre a sedução exercida pelo Islã, comumente pensamos que ele tenha sido seduzido por esses irmãos que cinco vezes ao dia se voltam em direção à Meca para sua oração. Ora, Charles de Foucauld foi seduzido mais pela vida muçulmana vivida na *zauia*, que corresponde à "confraternidade" ou "fraternidade" e indica tanto as habitações como seus habitantes, comumente famílias de *marabus*, ou seja, pessoas particularmente devotas, religiosas, piedosas. Ali Irmão Charles encontrou pessoas para as quais Deus conta mais do que tudo e que lhe fizeram intuir que *ad majora nati sumus...*

Charles recorda, sobretudo, a *zauia* de Bou-el-Djad, na Cordilheira de Atlas marroquina, onde, sem o saber, já desde o primeiro dia é reconhecido como cristão, mas, graças à sacralidade da hospitalidade (para o muçulmano a hospitalidade é um ato religioso e o hóspede, mesmo se for um inimigo, é sempre sagrado) e à fidelidade à palavra dada (outro dos aspectos da ética islâmica), lhe é poupada a vida e é

---

[1] C. DE FOUCAULD, *Castries*, p. 53.

tratado com gentileza e generosidade. O neto do chefe Sidi Edris Cherkaui, um jovem da sua idade, torna-se um verdadeiro amigo para ele, facilitando sua viagem, acompanhando-o por uma semana pelos arredores, dando-lhe também cartas de recomendação e uma quantidade de informações úteis. Também na *zauia* de Tisint, Charles de Foucauld fica profundamente admirado não só pela paisagem luxuriante como também por aquela gente, por seu estilo de vida, pela sua gentileza, pelo acolhimento, pela sua atitude de oração e de adoração. Em Tisint fica cerca de três meses e torna-se amigo de Hadj Bou Rehim, que, mais uma vez, lhe salvará a vida. Esse reconhecimento durará a vida toda. A experiência do Marrocos lhe ficará impressa para sempre como modelo de pobreza, de humildade, de escondimento, de oração e de hospitalidade. Quando, depois da ordenação sacerdotal, quer voltar ao Marrocos, é esse modelo de *zauia* que tem em mente. Escreve também a H. de Castries: "Você entende muito bem o que eu gostaria: estabelecer uma *zauia* de oração e de hospitalidade entre Ain-Sefra e Gourara, para daí irradiar o Evangelho, a Verdade, a Caridade, Jesus".[2]

Estamos mais do que nunca convencidos de que Irmão Charles não foi ao deserto para viver como "eremita", em busca daquela *fuga mundi* tão cara aos primeiros monges, mas sim para evangelizar e dedicar toda a vida a esses irmãos mais pobres, "aos quais falta tudo, pois falta-lhes Jesus". Parece-nos que esse modo de ver seja de capital importância para perceber os anos saarianos de Charles de Foucauld. E é também a chave para entender seu trabalho linguístico, sua visita à França em 1913, com Ouksem – que, segundo ele, devia atrair os tuaregues para entrar em relação com os cristãos –, e suas intervenções junto às autoridades militares

---

[2] C. DE FOUCAULD, *Castries*, p. 87.

para que fossem convidados ao Saara homens capazes e desejosos de ficar por muito tempo, de modo a conhecer a região e os seus habitantes.

Como viveu essa relação com a religião islâmica?

Parece contradição, mas Charles de Foucauld tem páginas muito incisivas sobre o Islã, tanto ao escrever a H. Castries como a seu Prefeito Apostólico e a amigos que pediam seu parecer. Por exemplo, escreve a H. de Castries que "o Islã não tem suficiente desprezo pelas criaturas de modo a poder ensinar um amor de Deus digno de Deus; sem a castidade, a pobreza, o amor e a adoração, ficam sempre imperfeitos".[3] Ainda na carta de 15 de julho de 1901, para apoiar o amigo em crise, Charles sublinha o valor da adoração, como "a mais completa expressão do perfeito amor" e "o ato por excelência do homem", ou melhor, "não só seu ato por excelência, mas seu ato habitual, e até seu ato contínuo". Esse sentimento de "admiração, contemplação, adoração, respeito, amor sem fim", explica, pertence também ao Islã, o qual, no meio de um conjunto de erros, contém verdades e pode "produzir grandes e verdadeiros bens". Mas acrescenta: "Temos por divino modelo Nosso Senhor Jesus, pobre, casto, que não resiste ao mal e sofre tudo em paz, perdoando e bendizendo. O Islã toma como exemplo Maomé, que se enriqueceu, não despreza os prazeres dos sentidos, faz guerra". Depois, sem castidade e pobreza, "o amor e a adoração permanecem sempre muito imperfeitos; porque, quando se ama apaixonadamente – explica –, se separa de tudo que possa distrair mesmo que por um minuto do ser amado, e se lança nisso e se perde totalmente nele...".

Para compreender essa reação de Charles de Foucauld, devemos ter presentes dois motivos:

---

[3] Ibid.

1. Ao escrever a H. de Castries – que fora realmente seduzido pelo Islã e que pensava em se tornar muçulmano –, embora confesse a ele que também tivera essa sedução, convida-o a redescobrir sua fé cristã. Por isso lhe escreve: "Pus-me a estudar o Islã e depois a Bíblia, e, enquanto a graça de Deus agia, a fé da minha infância encontrou-se confirmada e renovada...". Charles de Foucauld, como seu interlocutor, admite, porém, não ter chegado de uma vez a essa consciência, muito menos a acolher tudo o que implica a adesão à fé cristã. Continua de fato a confissão: "No início da fé tive muitos obstáculos a vencer; eu que tinha tanto duvidado, não acreditei em tudo em um dia; ora os milagres do Evangelho pareciam-me incríveis, ora queria misturar passagens do Alcorão nas minhas preces. Mas a graça divina e os conselhos do meu confessor dissiparam essas nuvens...".[4]

2. O segundo motivo parece ser a radicalidade da sua conversão: "O Islã é bastante sedutor; seduziu-me ao excesso. Mas a religião católica é verdadeira: é fácil de provar. Portanto, todas as outras são falsas...".[5] Insiste depois na beleza da religião católica e na fraqueza da religião islâmica, que não ama "a castidade, a pobreza, o perdão" nem tem desapego bastante das criaturas para doar-se completamente ao Deus Único e Grande. Essa reação lhe é sugerida não só para desviar H. de Castries da conversão ao Islã como também por seu caráter. Não esqueçamos que Abbé Huvelin o apresenta assim a Mons. Livinhac, superior dos Padres Brancos: "[...] o amor pela mortificação é uma necessidade suscitada nele pelo Amor de Deus. [...] Nada de bizarro nem de extraordinário, mas força irresistível que impele, instrumento duro para um trabalho duro [...]. Firmeza, desejo de ir até o fundo no

---

[4] Ibid.
[5] Ibid.

amor e no dom de si, de tirar disso todas as consequências, nunca desencorajado, nunca; um pouco áspero no passado, mas agora muito brando".[6]

Ao chegar ao Saara com esse fogo da evangelização no coração, pouco a pouco deve aprender a paciência e encontrar um método pastoral de encontro com as pessoas. Em Beni Abbes se dá conta de que, para evangelizar, primeiro é preciso compreender as pessoas, mergulhar na sua realidade cotidiana, olhar, ouvir, aprender, humildemente e sem preconceitos. Não parece ter mais a preocupação de estudar o Islã enquanto tal, mas está mais interessado em conhecer as pessoas, sua língua e sua cultura, a entrar em contato com elas mediante o diálogo e a amizade. Esse desejo de entrar em contato com elas, o desejo de ser, por amor de Jesus, seu irmão e seu servidor, lhe permite entrar no seu mundo com respeito, sem perder suas raízes e respeitando com dignidade as dos outros.

Um dos motivos que o levaram a seguir o General Laperrine no sul do Saara entre os tuaregues é a convicção de que eles são mais abertos que os árabes a uma eventual evangelização, porque conservaram uma cultura pré-islâmica, não falando o árabe, e com usos e costumes muito diferentes dos árabes; portanto, muito mais acessíveis. Assim os apresentava a seu amigo, o Duque Fitz-James:

> Os tuaregues, entre os quais estou há nove anos, são irmãos dos cabilas, de raça e de língua berbere, inteligentes e finos, de costumes muito próximos dos nossos, nada muçulmanos nem árabes. São muçulmanos de fé, mas sem qualquer instrução religiosa, e com pouquíssima prática: é um islamismo apenas de superfí-

---

[6] C. DE FOUCAULD, *Huvelin*, p. 273-274.

cie. Tenho entre eles excelentes amigos. Ainda não há cristãos entre eles. Não desejo que haja antes de alguns anos. Antes de falar-lhes de religião, é preciso incutir-lhes confiança e amizade; é preciso mostrar-lhes nossa religião mais praticando diante deles as virtudes do que com as palavras.[7]

Como buscará evangelizá-los?

Em 29 de julho, respondendo a uma petição de R. Bazin, Charles lhe descreve seu método pastoral:

> Os missionários isolados como eu são raríssimos. Seu papel é de preparar o caminho, de modo que os missionários que os substituírem encontrem uma população amiga e confiada, almas um pouco preparadas ao cristianismo e, se possível, algum cristão. [...] Pouco a pouco a intimidade se estabelece; falo, sempre ou quase sempre pessoalmente, do bom Deus, de maneira breve, dando a cada um o que pode suportar: fuga do pecado, ato de amor perfeito, ato de contrição perfeito, os dois grandes mandamentos do amor de Deus e do próximo, exame de consciência, meditação sobre os novíssimos, dever das criaturas de pensar em Deus etc., dando a cada um segundo suas forças e prosseguindo lentamente, prudentemente.[8]

Com alguns, Irmão Charles vai além e, "quando a ocasião me parece favorável, falo da religião natural, dos mandamentos de Deus, do seu amor, da união com sua vontade, do amor ao próximo".

Procura então viver sempre mais perto dos habitantes de Tamanrasset, em relação com eles e na amizade simples,

---

[7] Carta de 11 de dezembro de 1912.
[8] J.-F. Six, *L'aventure*, p. 202-203.

mas sincera, com todos seus vizinhos. Em 1907, ele está feliz por ir às várias aldeias e encontrar as pessoas: "É o que desejo". Não esconde sua alegria: "Aproveito a presença de muitos tuaregues para travar conhecimento com eles e recolher documentos sobre sua língua, bendizendo a Deus por essa visita e por essa tomada de contato, que nunca tinha sido tão íntima".[9] Quando volta a Tamanrasset, escreve à prima: "A minha volta aqui tem sido agradável; tenho sido bem acolhido pela população, bem mais afetuosamente do que esperava; parece que pouco a pouco se adquire confiança".[10] Com o tempo, portanto, o preconceito cede lugar ao conhecimento e à amizade: "Os tuaregues são para mim uma consoladora companhia; não posso dizer quão bons são para mim, quantas almas retas encontro entre eles; um ou dois deles são verdadeiros amigos, coisa rara e tão preciosa por toda a parte [...]. Aqui sou o confidente e muitas vezes o conselheiro dos meus vizinhos; sei coisas dolorosas...".[11] É um contínuo crescendo, atestado pelo que escreve, em 1914, a Dom Augustin de Notre-Dame des Neiges: "Os tuaregues que me cercam mostram-se confiantes e afetuosos". Isso é o resultado de uma obra delicada e paciente feita de "silêncio, bondade, contato íntimo, bom exemplo; tomada de contato, fazer-se conhecer e conhecê--los, amá-los do fundo do coração, fazer-se estimar e amar por eles, eliminando os preconceitos, obtendo confiança, tendo autoridade – e isso exige tempo –, e depois falar em particular aos mais dispostos, muito prudentemente, pouco a pouco, de modo diferente, dando a cada um aquilo que pode receber".[12]

---

[9] C. DE FOUCAULD, *Bondy*, p. 159.
[10] Ibid., p. 160.
[11] C. DE FOUCAULD, *Castries*, p. 194-195.
[12] C. DE FOUCAULD, *Correspondances sahariennes*, p. 606.

Novamente a de Castries, em 17 de junho de 1904, escreve que, naquele momento, cerca da metade dos tuaregues está submetida, mas é preciso fazer a "obra de fraternização", ou seja, "fazer cair sua desconfiança, desaparecer seus preconceitos contra nós... tornar-nos conhecidos, estimados, amados por eles, provar-lhes que os amamos, estabelecer a fraternidade entre eles e nós...".[13] Nesse primeiro período, sua vida consiste "em conversar, em dar medicamentos, esmolas, a hospitalidade no acampamento, em mostrar-se irmãos, repetir que somos todos irmãos em Deus e que esperamos estar todos um dia no mesmo céu, rezar pelos tuaregues com todo o coração...".[14]

A um oficial médico, protestante, que se encontra em Tamanrasset em 1908 e que lhe pergunta – "Crê que os tuaregues se convertam e que obterá resultados que compensem os seus sacrifícios?" –, Irmão Charles responde:

> Meu caro doutor, não estou aqui para converter os tuaregues de uma só vez, mas para procurar compreendê-los e melhorá-los. Aprendo a língua deles, estudo-os, porque depois de mim outros padres continuam meu trabalho. Pertenço à Igreja, e a Igreja tem tempo, dura; eu, porém, passo e não conto nada. Depois, desejo que os tuaregues tenham seu lugar no paraíso. Estou certo de que o bom Deus acolherá no céu aqueles que foram bons e honestos, sem necessidade de serem católicos romanos. O senhor é protestante, Tessère não é crente, os tuaregues são muçulmanos: eu estou persuadido de que Deus nos receberá a todos, se o merecermos, e busco melhorar os tuaregues para que mereçam o paraíso.[15]

---

[13] C. de Foucauld, *Castries*, p. 134.
[14] Ibid.
[15] M. Serpette, *Foucauld au désert*, p. 192-193.

A essa paciente atenção, Charles de Foucauld acrescenta outro aspecto importante para a vida dos tuaregues: a boa administração por parte do governo civil. Escreve ainda ao amigo Fitz-James:

> A primeira coisa é a administração e a civilização do nosso império africano. Argélia, Marrocos, Tunísia, Saara, Sudão francês formam o imenso e magnífico império de um só bloco. [...] Há 30 milhões de habitantes que, graças à paz, serão 60 milhões dentro de 50 anos. [...] Se não soubermos conquistar a afeição destes povos, seremos enxotados. Não só perderemos nosso império africano como também ele se tornará, em um momento com o mar entre nós, na outra margem do Mediterrâneo, um vizinho hostil, temível e bárbaro...
> Como afeiçoar-nos a este império? Civilizando-o. Fazer pelos seus habitantes o que gostaríamos que fosse feito a nós; tratando-os com justiça e bondade, dever de todo humano para com todo humano; trabalhando para fazê-los progredir o máximo possível, para elevá-los moral e intelectualmente, pois é dever de caridade "amar o próximo como a si mesmo"...[16]

"Seria preciso, sobretudo, a instrução..." Ele quer que eles cresçam "material, intelectual e moralmente", que se tornem "pela educação e pela instrução iguais ou superiores" aos franceses, que sejam cidadãos plenos e que as diferenças entre colonizadores e colonizados desapareçam o mais rápido possível. Em 1905, e depois em 1912, recolhe por escrito uma série de conselhos a dar a Mussa. No escrito de 1905 se lê: "Fazer sua gente aprender eficazmente o francês para serem não nossos súditos, mas nossos iguais, estarem em

---

[16] Carta de 11 de dezembro de 1912.

toda parte no nosso nível [...]. Graças a isso, provavelmente em um lapso de tempo muito breve, todos os militares e os empregados do Hoggar serão do país".[17]

No pensamento e na experiência de Irmão Charles, sobre essa base humana e fraterna se enxerta depois a evangelização. Vivendo entre os tuaregues e se tornando pouco a pouco familiar a eles, convence-se da impossibilidade de uma pregação direta, que "os tornaria desconfiados, os afastaria em vez de aproximá-los...". O que é preciso fazer, repete, é "ir muito lentamente, fazê-los nossos amigos, e depois, pouco a pouco, se poderá ir mais longe com algumas almas privilegiadas, que terão vindo e terão visto mais do que as outras, e elas as atrairão...".[18]

Certamente, não deixará de sonhar com uma evangelização, mas de fato Charles de Foucauld nunca converteu ninguém. Não obstante isso, fica entre os muçulmanos até o fim da sua vida, com o vivo desejo de fazer com que conheçam o Evangelho: "Voltemo-nos a todos aqueles que vivem ao nosso lado, que conhecemos, de quem estamos mais próximos: com cada um nos sirvamos dos instrumentos mais apropriados, com um a palavra, com outro o silêncio, com todos o exemplo, a bondade, o afeto fraterno, fazendo-nos tudo para todos, a fim de ganhar todos a Jesus".[19] As páginas a citar seriam muitas; então, limitamo-nos à carta de 1912, a Joseph Hours, um jornalista de Lion, que lhe pergunta de que modo é o apostolado entre os tuaregues. Ele responde:

> Com a bondade, a ternura, o amor fraterno, o exemplo da virtude, com a humildade e a bondade, e ainda as-

---

[17] R. Bazin, *Charles de Foucauld*, p. 325.

[18] C. de Foucauld, *Correspondance sahariennes*, p. 82.

[19] C. de Foucauld, *Correspondances lyonnaises* (1904-1916).

sim atraentes e cristãs; com alguns sem nunca lhes dizer uma palavra de Deus e da religião, sendo paciente como Deus é paciente, sendo bom como Deus é bom, sendo um irmão afetuoso e rezando; com outros, falando de Deus na medida em que podem aceitar. Sobretudo, ver em todo homem um irmão, ver em todo homem um filho de Deus, uma pessoa resgatada pelo sangue de Jesus. Banir de nós o espírito de conquista, pois é grande a distância entre o modo de fazer e de falar de Jesus e o espírito de conquista de quem não é cristão ou é mau cristão, e vê em torno de si inimigos a combater. Os não cristãos podem ser inimigos de um cristão; um cristão é sempre terno amigo de todo ser humano; ele tem por toda pessoa os sentimentos do coração de Jesus: ser caridoso, bondoso, humilde com todos: é isto que nós aprendemos de Jesus. Não ser militantes com ninguém; Jesus nos ensinou a ir "como cordeiros no meio dos lobos", não a falar com aspereza, com rudeza, a injuriar, a pegar em armas; fazer--se tudo a todos para dar todos a Jesus, tendo com todos bondade e afeto fraternos, prestando todos os serviços possíveis, buscando com eles um afetuoso contato, sendo irmãos amáveis com todos, para conduzir pouco a pouco as almas a Jesus, praticando a brandura de Jesus.[20]

Ao lado dessa pastoral atenta, paciente e aberta a vastos horizontes, Irmão Charles desenvolve uma atitude mais espiritual. Seguindo um aspecto da espiritualidade do seu tempo, faz a oferta de si a Deus como "vítima" pela salvação dos seus irmãos.

Sejamos vítimas segundo vosso exemplo, Bem-amado Jesus, vítima por vosso amor, holocausto ardente em vossa honra, por meio da mortificação, da oração, exalando-nos em pura perda de nós mesmos só por vós,

---

[20] Ibid., p. 90-94.

esquecendo-nos radicalmente e dedicando todos os nossos instantes a agradar-vos o máximo possível... Sejamos como vós "vítimas para a redenção de muitos", unindo para a santificação dos homens as nossas orações às vossas, os nossos sofrimentos aos vossos, entrando profundamente segundo vosso exemplo na mortificação, para ajudar-vos eficazmente na vossa obra de redenção, pois o sofrimento é a condição *sine qua non* para fazer o bem ao próximo: "Se o grão de trigo não morrer, não dá nada...". ... E sejamos vítimas para Deus e para os homens em vista de Deus somente: nada em vista de nós, nada em vista das outras criaturas, tudo em vista de Deus somente, ao qual devemos dar tudo, pois recebemos tudo dele.[21]

Na vida diária, essa oferta se torna oração, perdão, caridade para toda a humanidade, compromisso pessoal à santidade, transparência do mistério de Jesus Cristo. Em 9 de julho de 1916, ao meditar pela última vez o mistério da Visitação, escreve:

Ir a eles [os tuaregues] e sacrificar-nos por eles: ir a eles como Jesus, na humildade, na doçura, ensinando a verdade com o exemplo e a palavra; sacrificar-nos por eles consumindo nosso tempo e o que possuímos e oferecendo por eles as nossas orações, os nossos atos, os nossos sofrimentos e nossa vida.[22]

Entre os muitos propósitos nascidos pela preparação ao sacerdócio, sabe que, exatamente por ser sacerdote, é chamado a imitar Jesus, dando-se na cruz para a salvação do mundo:

---

[21] C. DE FOUCAULD, *L'imitation*, p. 145.
[22] C. DE FOUCAULD, *L'Esprit de Jésus*, p. 295.

O dever especial do sacerdócio é o sacrifício de Jesus sobre o altar e de si mesmo sobre a cruz [...]. Os padres devem oferecer Jesus ao Pai sobre o altar, para sua glória e a salvação dos homens na Sagrada Eucaristia, como ele se ofereceu na Ceia, e devem oferecer-se com Jesus ao Pai para sua glória, a de Jesus e a salvação dos homens na cruz, sofrendo, com Jesus, a agonia, a paixão e a morte, na medida em que aprouver a Jesus chamá-los a compartilhar seu cálice e a serem vítimas com ele.[23]

Irmão Charles, ao viver entre os tuaregues, tinha experimentado e compreendido que uma forma válida de apostolado era a oferta de si, do "fazer-se tudo a todos para dar todos a Jesus", para que todos se encontrem envolvidos pelos raios da Graça e da Misericórdia que Deus nos revelou em Jesus Cristo:

Perdoa e dá como a mim, e inclina ternamente como a mim teu coração a todos os miseráveis, abraçando todos os homens em um perdão e em uma caridade universal, como eu os abraço a todos nos raios do sol e nos raios interiores da graça.[24]

Em 1901, de partida para o Saara, Abbé Huvelin lhe augura: "Que Nosso Senhor o acompanhe e lhe conceda fazer o bem, unir seu trabalho ao Seu, seu sangue ao Seu sangue".[25] Parece-me que Irmão Charles, com sua vida e sua morte, realizou em plenitude essa "profecia" do seu pai espiritual.

---

[23] C. DE FOUCAULD, *Seul avec Dieu*, p. 60.
[24] C. DE FOUCAULD, *Commentaire*, p. 237.
[25] C. DE FOUCAULD, *Huvelin*, p. 278.

11

IRMÃO UNIVERSAL

Escolhi este nome para indicar
que sou irmão deles e
o irmão de todo ser humano,
sem exceção ou distinção.
(Charles de Foucauld)

Papa Paulo VI consagrou Charles de Foucauld "irmão universal", citando-o na encíclica *Populorum progressio* como exemplo de dedicação e caridade missionária: "Basta lembrar o exemplo do Pe. Charles de Foucauld, que foi considerado digno de ser chamado, pela sua caridade, 'irmão universal', e redigiu um precioso dicionário da língua tuaregue" (n. 12). É uma espécie de consagração oficial que faz dele o irmão universal por excelência. Consagração retomada também pelo Papa Francisco na sua recente viagem ao Marrocos, ao encontrar os sacerdotes, religiosos, consagrados e o conselho ecumênico das igrejas, que, depois de ter lembrado São Francisco, disse: "E como não mencionar Charles de Foucauld, que, profundamente marcado pela vida humilde e oculta de Jesus em Nazaré, a quem adorava em silêncio, quis ser um 'irmão universal'?".

Como nasceu em Irmão Charles esse desejo de ser o irmão universal?

Talvez encontremos uma primeira referência na sua peregrinação à Terra Santa. Nas poucas cartas que temos, não há nenhum aceno a ser irmão, mas exatamente ali Charles de Foucauld descobre que Jesus se tornou homem como nós, pobre trabalhador de Nazaré, e, portanto, tornou-se nosso irmão em humanidade. Ali descobre que o Totalmente Outro, entrevisto nos caminhos de Marrocos, tornou-se homem, superando a "diferença entre o Criador e a criatura, entre o oceano e a gota de água" e vivendo no meio de nós como "o irmão bem-amado".

Ainda em Nazaré, encontramos os primeiros escritos sobre a fraternidade universal no texto do Diretório para os futuros discípulos, os irmãozinhos do Sagrado Coração de Jesus, escrito em 1899. Voltará a esses textos em 1901 enquanto está em Notre-Dame des Neiges para a preparação para a ordenação sacerdotal, mas fará isso muitas vezes até o fim da vida; o último texto remonta a 1916. Tomemos o texto original, o primeiro. No cap. XXVIII do *Regulamento*, onde recomenda a "caridade, paz, humildade e coragem a todos os homens", encontra-se o primeiro aceno, quando escreve:

> "Vós tendes um só pai que está no céu", "Deus criou o homem à sua imagem", "Tudo o que fizerdes a um destes pequeninos, fazeis a mim". Estas três palavras bastam para mostrar aos irmãozinhos seu dever de imensa e universal caridade para todos os homens, todos "filhos de Deus", "imagens de Deus" e "membros de Jesus"... Fiéis a seu nome, ao símbolo de amor infinito que carregam no peito, e a seu divino modelo, levarão todos os homens no coração, como seu Irmão e Esposo Jesus morto por todos os homens sem exceção... [...] Diante de cada alma terão, sem parar, diante dos olhos, sua missão para cada uma delas: esta missão é salvá-la, em cada homem, bom ou mau, amigo ou inimigo, benfeitor ou carrasco, cristão ou infiel; o que verão é

um amigo a salvar; se fizerem "tudo a todos para salvar a todos" [...], serão os amigos universais para poder ser os salvadores universais.[1]

No cap. XXIX – "Caridade para com aqueles que estão fora (benefícios espirituais)" –, lembra mais uma vez que os irmãozinhos têm a tarefa "de representantes de Nosso Senhor ('como o Pai me enviou, assim eu vos envio'), ou seja, de salvadores universais, de amigos universais, de irmãos universais". E recomenda-lhes de novo "que não tenham por nenhum vivente nem aversão, nem cólera, não olhar ninguém como adversário ou inimigo, mas ser, embora odiando o mal, amigos universais, irmãos universais, salvadores universais, como Jesus". No fim do capítulo admoesta de novo os futuros discípulos a ter presente como eles representam entre as pessoas, "o mais perfeitamente possível, Nosso Senhor Jesus, salvador de todos os homens, seu Sagrado Coração que ama todos os homens, sua divina Caridade que abraça cada homem, sendo como ele amigos universais, irmãos universais e, na medida do possível, salvadores universais".[2]

Ainda de Notre-Dame des Neiges, em 15 de julho de 1901, escreve ao bispo do Saara uma carta de apresentação dizendo que quer ir à sua Prefeitura Apostólica "para praticar para com todos, cristãos e muçulmanos, a universal caridade do Coração de Jesus". Tendo chegado a Beni Abbes, Irmão Charles começa a pôr em prática o que escrevera e, portanto, a considerar-se irmão universal e a usar tal expressão. A primeira, a mais conhecida e citada, encontramos na carta de 7 de janeiro de 1902, a Madame de Bondy:

---

[1] C. DE FOUCAULD, *Règlements et Directoire*, p. 226-228.
[2] Ibid., p. 231-234.

Pedistes-me uma descrição da capela... A capela, dedicada ao Sagrado Coração de Jesus, [...] a minha pequena morada chama-se "a fraternidade do Sagrado Coração de Jesus"... Quero habituar todos os habitantes, cristãos, muçulmanos, judeus e idólatras, a considerar-me como seu irmão, o irmão universal... Pouco a pouco começam a chamar a casa "a fraternidade" (*khaua*, em árabe) e isto me agrada...[3]

Encontramos outra referência na carta de 29 de novembro de 1901, a H. de Castries. Charles de Foucauld está em Beni Abbes há um mês. Depois de ter descrito ao amigo o oásis e a fraternidade que construiu, sublinha: "As construções chamam-se *Khaua*, 'a fraternidade', porque Khuia Carlo é o irmão universal. Rezai a Deus para que seja verdadeiramente o irmão de todas as almas desta região!".[4]

Em 19 de janeiro de 1902, muito contente, pode escrever a Mons. Guérin: "Nesta tarde, para a festa do Santo Nome de Jesus, tenho uma grande alegria: pela primeira vez, viajantes pobres recebem hospitalidade sob o humilde teto da 'Fraternidade do S. Coração'. Os indígenas começam a chamá-la de *Khaua* e a saber que os pobres encontram ali um irmão; não apenas os pobres, mas todos os homens".[5]

Como vive concretamente o "irmão universal"?

Uma primeira resposta pode ser esta: ao chegar a Beni Abbes – e depois a Tamanrasset –, Irmão Charles se torna mais realista; sabe que, para amar a todos, deve começar a amar alguém; para tornar-se irmão de todos, é preciso iniciar a ser irmão de alguém e com diferentes graus de afeto, de

---

[3] C. DE FOUCAULD, *Bondy*, p. 93-97.
[4] C. DE FOUCAULD, *Castries*, p. 88.
[5] C. DE FOUCAULD, *Correspondances sahariennes*, p. 60.

amor. Pela sua correspondência se deduz que foi um homem de relação e um amigo sincero e fiel; sabia fazer amizade e cultivá-la, em uma fidelidade que não conhecia obstáculos: da profundeza do Saara alcança todos e com todos mantinha relações fraternais. Poder-se-ia estudar toda sua vida a partir das suas amizades.

Uma amizade muito conhecida é a com Mussa Ag Amastane, chefe dos tuaregues. Encontra-o pela primeira vez em 25 de junho de 1905, quando acompanha o Capitão Dinaux na viagem entre os tuaregues. O General Laperrine preferia deixá-lo entre eles para mostrar que os franceses não são todos militares e brutais. Por sua vez, Irmão Charles já fala o tamahaq; serve, portanto, de intérprete e, o que é mais importante, pode falar diretamente e, por isso, livremente com Mussa. Entre os dois nasce logo a estima recíproca. Dele, Charles de Foucauld escreve:

> Mussa é muito bom, muito inteligente, muito aberto, muçulmano muito piedoso, que quer o bem como muçulmano, liberal, mas ao mesmo tempo ambicioso; lhe agradam o dinheiro, os prazeres e a honra (como Maomé, a criatura mais perfeita aos seus olhos; como Maomé, exemplo de perfeição para ele, como Nosso Senhor Jesus é para nós). Muito fiel ao *bei* (de Atalia), do qual diz ter recebido tudo e de amar mais do que aos seus olhos. Portanto, Mussa é um bom e piedoso muçulmano, que tem ideias e vida, as qualidades e os vícios de um muçulmano, mas que tem também um espírito muito aberto.[6]

Mussa, por sua vez, em 1920, relata a Bazin, que lhe pedira notícias sobre Charles de Foucauld para seu livro:

---

[6] C. DE FOUCAULD, *Carnet de Beni Abbés*, p. 178.

Recebi a tua carta na qual me pedes para dar-te detalhes sobre o grande amigo dos tuaregues de Hoggar. Seja! Saiba que o marabu Charles tinha por mim uma grande estima. Deus o torne feliz e lhe dê o Paraíso, se é sua vontade! Agora aqui estão os detalhes que me pediste, antes de tudo, sobre sua vida. Os tuaregues de Hoggar o amaram profundamente durante toda sua vida e agora amam sua tumba como se fosse vivo. Assim, as mulheres, as crianças, os pobres, quem quer que passe perto da sua tumba, saúda-o dizendo: "Que Deus te eleve ao lugar do marabu no paraíso, porque fizeste o bem durante toda a tua vida". Assim as pessoas do Hoggar honram sua tumba como se fosse vivo, exatamente assim![7]

Além da amizade com Mussa, encontramos outras, sobretudo com os habitantes de Tamanrasset. "Vivi aqui, nesta aldeia de Tamanrasset, por todo o ano de 1912. Os tuaregues foram para mim uma companhia rica de consolações; é difícil dizer quantos deles são bons comigo, quantas almas retas se encontram entre suas fileiras; um ou dois deles são verdadeiramente amigos, fato raro e tão precioso, onde quer que se ache".[8]

E para não ser demasiado vago, ele nos dá um exemplo concreto:

Tenho pelo menos quatro "amigos" com os quais posso contar para qualquer coisa. Como fiz para se afeiçoarem a mim? Como fazemos entre nós. Não lhes dei presente, mas perceberam que em mim tinham um amigo, que podiam confiar em mim, e corresponderam ao que eu buscava ser para eles... Aqueles que cultivo e que

---

[7] R. Bazin, *Charles de Foucauld*, p. 404-405.
[8] C. DE FOUCAULD, *Castries*, p. 194.

trato como verdadeiros e bons amigos são: Uksem agg Uglar, chefe dos Dag Ghali; seu irmão Abahag Chikat agg Mahomed (Dag Ghali), um homem de 66 anos que agora se move pouco, e seu filho Uksem agg Chikat (que chamo meu filho). Há outros que amo e que estimo, com os quais posso contar para muitas coisas. Mas a estes quatro posso pedir qualquer conselho, informação ou serviço, e estou certo de que farão o melhor que puderem para satisfazer meus pedidos.[9]

Portanto, Charles de Foucauld encontrou e viveu a fraternidade por meio do encontro concreto com pessoas com as quais tem relações estreitas de amizade, sem fazer distinções entre bons e maus. Escreve no seu *Carnet*: "Fazer-me tudo para todos: rir com aqueles que riem, chorar com aqueles que choram, para levar todos eles a Jesus. Pôr-me com disponibilidade ao alcance de todos para atrair todos a Jesus. Pôr-me com condescendência ao alcance de todos para atrair todos a Jesus".[10]

E ainda: "É preciso tornar-se o amigo seguro ao qual se recorre quando se está na dúvida ou no sofrimento; sobre o afeto, a sabedoria e a justiça daquele com o qual se pode contar absolutamente... A minha vida consiste, portanto, em estar o máximo possível em relação com os que me cercam e em prestar todos os serviços que posso".[11]

Passou-se assim de uma noção abstrata a uma encarnação concreta, "para ser amigo e irmão universal". Irmão Charles chega a viver a fraternidade através de relações concretas de amizade, de fraternidade. Ele é muito sensível a essas relações de amizade, de fraternidade, tanto que deixará em

---

[9] C. DE FOUCAULD, *Lettre à M. Garnier*, 1913.
[10] C. DE FOUCAULD, *Carnets de Tamanrasset*, p. 188.
[11] J.-F. SIX, *L'aventure*, p. 202.

herança aos seus discípulos aquela passagem que gostamos de citar frequentemente:

> Que sua universal e fraterna caridade [dos irmãozinhos] brilhe como um farol; que ninguém, em um grande raio ao redor, mesmo que se trate de um pecador ou de um infiel, ignore que eles são os amigos universais, os irmãos universais, que consomem sua vida rezando por todos os homens sem exceção e fazendo o bem a eles; que sua fraternidade é um porto, um asilo onde todo ser humano, especialmente se for pobre ou infeliz, é a todo momento convidado fraternalmente, desejado e acolhido, e que ela é, como diz o nome, a casa do Sagrado Coração de Jesus, do amor divino que irradia na terra, da Caridade ardente, do Salvador dos homens.[12]

Concluamos com uma última observação, que nos ajuda a entender como o desejo de Charles de Foucauld de ser "irmão universal" talvez não tenha sido apenas o desejo, embora um pouco ingênuo, de um padre santo, mas que mais uma vez tenha antecipado os tempos com uma visão muito à frente do seu tempo. Irmão Charles viveu no momento da máxima expansão colonial da Europa, que tinha na França um dos seus grandes atores. Nesse contexto colonial, declarou-se e quis ser "irmão universal". Sabe-se que as motivações verdadeiras do colonialismo não eram exatamente aquelas humanitárias e filantrópicas que os países europeus ostentavam em relação aos povos que conquistavam. Toda a cultura europeia do tempo estava fortemente impregnada por uma presumida superioridade e era comum o postulado de que toda a humanidade seria remodelada à imagem do Ocidente. O próprio

---

[12] C. DE FOUCAULD, *Règlements et Directoire*, p. 87.

Hegel, com tantas análises "objetivas", chegava a afirmar "uma superioridade indiscutida e clara do Ocidente": "A África é a região infantil, envolvida na cor negra da noite, para além do dia da história consciente de si. O negro representa o homem natural na sua total barbárie e descaramento, tal que exclui toda possibilidade de estabelecer relações com ele".[13] A partir destas premissas, tornava-se lógica a passagem a considerar-se "destinatários de uma tarefa civilizatória". É exatamente nesse contexto que Irmão Charles descobre o papel ao qual o chama seu desejo apaixonado de imitar Jesus em Nazaré: trabalhar no silêncio para a superação desse sulco de desconfiança e de inimizade, através de uma presença fraterna, amiga e de sincero compartilhamento. Em outras palavras e mais concretamente, sua vida feita sempre mais de vizinhança e fraternidade é uma contestação dentro da conquista colonial. Pouco tempo antes de morrer, assim resume mais uma vez seu estilo de vida fraterna:

> Amor fraterno por todos os homens... Ver em cada homem um filho do Pai que está no céu: ser caridoso, pacífico, humilde, corajoso com todos; rezar por todos, por todos os seres humanos, oferecer seus sofrimentos por todos.[14]

É por isso que Charles de Foucauld pode ajudar-nos a entender que viver hoje a universalidade não é perder-se, mas encontrar-se, arriscar-se; é verdadeiramente uma exigência vital em um mundo no qual não há mais distâncias. Trata-se de viver toda relação como um caminho de amizade que a fraternidade nos revela, deixar nossas fronteiras, aventurar-nos em terrenos desconhecidos e lutar juntos contra a exclusão, a violência e

---

[13] Cf. M. Elia, Charles de Foucauld alla scoperta dell'altro. *Missione oggi*, março de 2003, p. 34.

[14] C. de Foucauld, *Règlements et Directoire*, p. 228.

a marginalização... Ser irmão universal significa ser irmão de todos, "sem exceção ou distinção", ou seja, sem excluir ninguém, atentos àquilo que o outro tem de bom, "mas colocando-os em confiança, [...] como um amigo, estabelecendo com eles relações de confiança e de amizade". Tudo isso sem perder a própria identidade: não há coisa pior que, em nome de um falso irenismo, perder a própria história e o próprio caminho. Devemos assumir o mesmo estilo de Charles de Foucauld e estabelecer relações de amizade sem medo e sem erguer muros ou ostentar crucifixos e rosários, bandeiras e estandartes; nunca fazer memória dos crucificados da história, da fé, dom gratuito, imenso, recebido com a consequente responsabilidade de compartilhá-lo "gritando o Evangelho com a vida".

Não basta, porém, fazer profissão de fraternidade universal, mas, como nos ensina Charles de Foucauld, é preciso também aprender a viver dia após dia essa fraternidade, até no mais profundo das nossas raízes. Acolhamos o outro no nível no qual nós mesmos vivemos. Se vivemos superficialmente, acolhemos o outro superficialmente; se vivemos em profundidade, lá onde Deus mora, acolhemos o outro em profundidade, como irmão, filho do mesmo Pai. Viver a fraternidade significa também acolher a diferença do outro, amá-lo assim como ele é, na certeza de que o rosto diferente do irmão é sinal da insondável riqueza do rosto de Cristo. Somente se colocando em uma relação de fraternidade, que exclui toda atitude de colonização antiga e moderna, pode-se chegar a viver verdadeiramente como irmãos, a misturar-se na vida do outro, sejam eles argelinos ou tuaregues, e a enriquecer-nos com a diversidade do outro, caminhando com ele, olhando junto para o horizonte não para ver o pôr do sol, mas sim a aurora de um mundo novo, suscitando esperança e cultivando juntos a esperança que nasce no coração de ambos.

12

"A ESPERANÇA DE MORRER PELO SEU NOME"

> *Eu te peço em teu nome, ó meu Bem-amado,*
> *a graça de derramar com amor, com coragem,*
> *de modo a glorificar-te o máximo possível,*
> *o meu sangue por ti, ó meu Esposo...*
> *(Charles de Foucauld)*

Irmão Charles não é um mártir no sentido canônico do termo. Com efeito, não foi morto "em ódio à fé", mas sua morte está enquadrada no contexto da Primeira Guerra Mundial, na tentativa feita pela Alemanha e pela Turquia de desestabilizar o Saara, ao abrir ali uma nova frente com a ajuda das comunidades senussitas. Nesse clima amadurece a ideia de tomá-lo como refém. Dadas as circunstâncias, portanto, é impróprio falar de martírio, pois sua morte foi, em boa medida, acidental. Alarmados com a chegada de dois soldados franceses, os senussitas começaram um tiroteio que vitimou Irmão Charles. Isso não impede que toda sua vida tenha sido testemunho do Evangelho e, portanto, martírio em um sentido amplo, isto é, de testemunho evangélico, de um homem que deu toda sua vida ao Senhor e viveu apenas para ele.

Mas, então, como foi "mártir/testemunha"?

Charles de Foucauld expressou muitas vezes e de modo insistente o desejo de morrer mártir, de imitar Jesus até na morte. Esse desejo era grande e evoca sua história, sobretudo a tragédia em que terminou sua vida. Em Nazaré, em 6 de junho de 1897, dia de Pentecostes, anotara "Seu pensamento da morte":

> Pensa que deves morrer mártir, espoliado de tudo, estendido por terra, nu, irreconhecível, coberto de sangue e de feridas, violenta e dolorosamente morto... e deseja que isso seja hoje. A fim de que eu te faça essa graça infinita, sê fiel em vigiar e carregar a cruz. Considera que essa morte deve ser o auge de toda a tua vida: vê por isso a escassa importância de muitas coisas. Pensa frequentemente nessa morte para preparar-te para ela e para julgar as coisas no seu verdadeiro valor.[1]

Esse não era um desejo solitário, fruto talvez de um retiro, mas nas suas noites espirituais esse desejo retorna muitas vezes. Por exemplo, durante um retiro em Beni Abbes, anota ainda: "Uma só coisa é necessária (Lc 10,42): fazer a cada instante aquilo que mais agrada a Jesus. Preparar-se continuamente para o martírio e recebê-lo sem sombra de defesa, como o Cordeiro Divino, em Jesus, graças a Jesus, como Jesus, por Jesus".

Além disso, ao meditar sobre a morte de Jesus, escreve, em 1897, a oferta de si mesmo, na leitura da própria vida, como martírio/testemunho de amor por Jesus e em imitação dele:

> "E, inclinando a cabeça, entregou o espírito" (Jo 19,30). Meu Senhor Jesus, estás morto e morto por nós!... Se tivéssemos verdadeiramente fé nisso, como desejaríamos

---

[1] C. DE FOUCAULD, *Voyageur*, p. 35.

morrer nos sofrimentos em vez de temê-los [...]! Seja qual for o motivo pelo qual nos matam, se nós, na alma, recebermos a morte injusta e cruel como um dom bendito da tua mão, se te agradecermos a morte como uma doce graça, como de uma feliz imitação do teu fim, se nós a oferecermos a ti como um sacrifício oferecido com grande boa vontade, se não resistirmos em obedecer à tua palavra: "Não resistais ao mal" (Mt 5,39) e ao teu exemplo: "Deixou-se não apenas tosquiar, mas degolar, sem se lamentar" (Is 53,7), então, seja qual for o motivo por que nos matarem, morremos no puro amor e nossa morte será para ti um sacrifício de muito agradável odor (cf. Gn 8,21; Ex 29,18; Lv 1,9.13 etc.); e, se não é um martírio no sentido estrito da palavra, e aos olhos dos homens, será aos teus olhos e será uma perfeitíssima imagem da tua morte e um fim muito amoroso que nos conduzirá diretamente ao céu... Porque, se nesse caso não oferecemos nosso sangue pela nossa fé, tê-lo-emos com todo nosso coração oferecido e derramado por amor de ti...[2]

Desejo, portanto, que se torna amor intenso por Jesus. Com efeito, no momento da conversão, quando entendeu que não podia fazer outra coisa senão viver só para Deus, pergunta-se: "Como amá-lo com maior amor?", e encontra a resposta no Evangelho: "Ninguém tem maior amor do que aquele que dá a via por seu amigo" (Jo 15,13). Portanto, não só dá a vida pelo seu Bem-amado como também por sua causa, imitando-o também nisso; a dá também a seus irmãos, e o martírio, a seu ver, é um ato de amor total, até o fim. Um coração apaixonado que pede, exatamente porque enamorado, a graça de dar a própria vida pelo Amado. No retiro de novembro de 1897, pedia mais uma vez essa graça:

---

[2] C. DE FOUCAULD, L'imitation, p. 281-282.

Esta vida será seguida pela morte: desejarias a morte de mártir... Sabes que és covarde... mas sabes que podes tudo naquele que te dá forças, que sou onipotente nas minhas criaturas... pede-o, de manhã e de noite, embora colocando a condição de que seja a minha vontade, o meu maior bem, a minha maior consolação, a qual queres e pedes antes de tudo... e tem confiança, farei o que me pedes, o que mais me glorificará... Mas pede isto, é bom, porque "é o sinal do maior amor dar sua vida por quem se ama" e é perfeitamente justo que deseje dar-me o sinal "do maior amor".[3]

Esse amor o leva, na vida cotidiana, a ter um olhar e um amor profundos pela cruz, sabendo que nela abraça seu Bem-amado, a quem quer imitar carregando sua cruz atrás dele, para ser "salvador com ele": "Vive como se devesses morrer mártir hoje. Quanto mais tudo nos falta na terra, mais encontramos aquilo que de melhor a terra pode dar-nos: a *cruz*. Quanto mais abraçamos a *cruz*, mais nos unimos estreitamente ao nosso Esposo Jesus, que está pendurado nela".[4]

Desse amor intenso por "aquele que amamos de modo único, daquele que é toda nossa vida, todo nosso desejo, todo nosso bem, todo nosso amor, nosso dileto Senhor Jesus", deriva o amor pelos irmãos, o compromisso por sua salvação, o oferecimento de si mesmo para ser salvador com Jesus. E como sempre transmite esse desejo a seus futuros discípulos:

> Os Irmãozinhos do Sagrado Coração de Jesus, cuja vocação particular é a imitação de Nosso Senhor Jesus Cristo, recordar-se-ão cada dia com ação de graças que,

---

[3] C. DE FOUCAULD, *La dernière place*, p. 125-126.
[4] C. DE FOUCAULD, *Voyageur*, p. 162.

vivendo em países de missão entre os infiéis, podem com justiça esperar imitar Nosso Senhor Jesus, tanto em sua morte como na sua vida, e estarão sempre prontos a dar com alegria seu sangue por seu único Bem-amado Jesus.[5]

Ao dar assim a vida, Irmão Charles realiza completamente seu maior desejo: ter-se tornado semelhante em tudo a seu bem-amado Senhor e irmão Jesus. Três semanas depois do seu assassinato, o capitão De la Roche encontra, em seu *bordj*, o ostensório jogado por terra, como o corpo daquele que o tinha consagrado e feito da sua vida uma Eucaristia, realizando plena e realmente o mandamento do Senhor: "Fazei isto em minha memória" (Lc 22,19). Cumprimento do mistério de Nazaré.

No testamento espiritual do bem-aventurado Frère Christian de Chergè, prior de Tiberine, há uma passagem que não soaria mal nos lábios de Charles de Foucauld:

> Se me acontecesse um dia – e poderia ser hoje – ser vítima do terrorismo que parece querer envolver agora todos os estrangeiros que vivem na Argélia, desejaria que a minha comunidade, a minha Igreja, a minha família se recordassem de que a minha vida fora dada a Deus e a este país. Que eles aceitassem que o único Dono de toda vida não poderia ser estranho a essa partida brutal. [...] Que soubessem associar essa morte a tantas outras igualmente violentas, deixadas na indiferença do anonimato. [...] Por essa vida perdida, totalmente minha, e totalmente deles, rendo graças a Deus, que parece tê-la querido toda inteira para esta alegria, apesar

---

[5] C. DE FOUCAULD, *Règlements et Directoire*, p. 90-91.

de tudo. [...] E também tu, amigo do último minuto, que não sabias o que estavas fazendo. Sim, também para ti quero isto, graças a Deus, e ele perfilando-se contigo. E que nos seja dado encontrar-nos, ladrões felizes, no paraíso, se for do agrado de Deus, nosso Pai, de todos os dois. Amém! *Inšallah*.[6]

Em 1910, em uma oração, Irmão Charles escreveu:

Meu Senhor Jesus, que disseste: "Ninguém tem maior amor do que aquele que dá a vida pelos seus amigos" (cf. Jo 15,13), eu desejo de todo o coração dar a minha vida por ti. No entanto, não a minha vontade, mas a tua. Ofereço-te minha vida: faz de mim o que mais te agradar. [...] Meu Deus, perdoa meus inimigos, dá-lhes a salvação! Amém.[7]

---

[6] T. Georgeon; F. Vayne, *Semplicemente cristiani*, p. 165-167.
[7] C. de Foucauld, *Opere spirituali*, p. 48.

13

"EIS QUE VEM O ESPOSO. IDE A SEU ENCONTRO!"

*Agora é a hora de comparecer
diante deste Esposo que nos amou tanto,
que nos deu tantas provas do seu amor,
que morreu por nós [...]
e que quer realizar o que falta
para sua completa união conosco e
torná-la imutável e perfeita pela eternidade.*
(Charles de Foucauld)

Ao ouvir bater à porta daquela espécie de forte, que construíra contra a vontade, mais para os outros que para ele mesmo, correu para ver quem precisava dele àquela hora da tarde; quem era aquele irmão, aquele membro do corpo de Cristo que vinha visitá-lo, pedir sua ajuda. Dele se dirá que nunca tinha feito alguém esperar diante da sua porta.

Na verdade, porém, Alguém o esperara durante muitos anos diante da sua porta...

Tinha-o esperado quando, jovem adolescente, só e fechado em si mesmo, percorria os caminhos da carreira militar. Uma carreira seguida na mais pura tradição da época, mas que quase o deixou estranho a si mesmo e à qual buscava preencher com uma vida fácil, feita de festas organizadas até os mínimos detalhes e aventuras rebuscadas, a fim de provar a seus amigos e a seus superiores do que era capaz o visconde Charles de Foucauld de Pontbriand...

Tinha-o esperado ao longo dos 2.250 quilômetros de caminhos percorridos no desconhecido Marrocos. Caminhos de glória, mas percorridos mais para mostrar a si mesmo – e ainda mais sua família – que também pertencia a ela de pleno direito e levava com orgulho o caráter daquele que, uma vez que iniciou um trabalho, não voltava nunca atrás sem tê-lo levado a cabo. Não era acaso o lema de família: *Jamais arrière?*...

Tinha-o esperado enquanto ele percorria as belas ruas de Paris do fim do século, quando com o coração em tumulto passava de uma igreja à outra repetindo: "Meu Deus, se existis, fazei com que vos conheça". Esperou-o até quando em uma manhã, no final de outubro, quase inesperadamente, se encontraram. Não mais se deixaram; um não pôde mais viver sem o Outro. Ele, Irmão Charles, com todo ímpeto do seu coração, pôs-se na sua escola, uma escola de imitação pura, porque "a imitação é inseparável do amor... Quem ama quer imitar; é o segredo da minha vida"; o Outro, com a amabilidade e a fidelidade total que sempre o tinham caracterizado.

Juntos percorreram muitos caminhos: as estradas do Maciço Central, para chegar ao mosteiro de Notre-Dame des Neiges; as sendas perigosas entre as montanhas da Síria, que o levavam ao mosteiro mais pobre da Trapa, onde acreditava dever viver toda sua vida, na paz de ter finalmente chegado à meta: "Dizer-te a paz, a calma, nas quais vivo desde que estou no convento, é algo impossível... Sinto aqui esta paz, paz que nada pode exprimir, paz desconhecida no mundo, que não vim buscar e da qual não tinha ideia, mas que Deus me dá na sua bondade infinita...".

Depois juntos, quase de mãos dadas, percorreram as pequenas ruas de Nazaré, onde seu Amigo vivera trinta anos na obscuridade, vivendo com o trabalho das próprias mãos, como um pobre trabalhador, escondido de todos, mas fazendo o bem a todos. E com ele percorria aquelas ruas, desconhecido de todos, pobre, desfrutando profundamente da obscuridade, do silêncio, da pobreza, servo das pobres filhas de Santa Clara, até que – também ali, através de vias um pouco complicadas – seu Amigo lhe sugeriu que sua mais perfeita imitação era tornar-se como ele, sacerdote da Nova Aliança.

Então, havia quinze anos percorriam juntos os caminhos sem limites do deserto. Caminhos que não constavam nos mapas, mas sim na memória dos seus habitantes; caminhos fascinantes pelo silêncio, pela clareza das suas noites estreladas, mas, sobretudo, caminhos que era preciso percorrer com a gente que nascera ali; caminhos que quase obrigavam à companhia, ao conhecimento recíproco, a ter necessidade um do outro, à amizade, a ser irmãos...

E depois, para dizer a verdade, seu Amigo não se cansava de todos esses caminhos, de percorrer mares e montes; ao contrário, acompanhava-o de boa vontade, levando-o a descobrir sempre novos horizontes, esquentando seu coração com sua presença. Deixava-o caminhar; às vezes o precedia, mas na maioria das vezes tinha de correr atrás dele, porque ele, Irmão Charles, andava sempre com pressa: queria alcançar todos, para que todos pudessem conhecê-lo sob o signo da bondade, do exemplo da vida evangélica, sobretudo com a presença da Eucaristia, e assim pudesse irradiar sobre aqueles povos abandonados, sobre aqueles lugares esquecidos, um pouco da sua presença, do seu amor...

E Irmão Charles, que amava a clausura, estando aos pés do seu Bem-amado dia e noite, como Maria e José, na casa de Nazaré, e que já se habituara a esses caminhos, a esses imprevistos, descobrira naquele momento que o que contava na vida era poder gritar o Evangelho, não com palavras, não com obras sociais e caritativas, mas com sua vida sacerdotal, simples, humilde, oculta... Levava no coração ainda um desejo: que outros seguissem suas pegadas e juntos pudessem, como vigias na noite, passar ao lado de cada pessoa e iluminá-la com a luz radiosa da manhã de Páscoa.

Era feliz: "Sou feliz, muito feliz, extremamente feliz, embora há muitos anos não busque a felicidade em nada". Intuía, porém, que para ser perfeitamente feliz lhe faltava um caminho a percorrer. Tinha o entrevisto, tinha-o pedido a seu Amigo: "Tu que disseste: 'Ninguém tem maior amor do que aquele que dá a vida pelos seus amigos', eu desejo de todo o coração dar minha vida por ti; peço-o insistentemente; contudo, não a minha vontade, mas a tua. Ofereço-te a minha vida: faz-me viver e morrer como te agradar mais; em ti, contigo e para ti".

Naquela tarde, quando abriu a porta, viu diante de si aquele caminho. Nas densas trevas daquela noite, com simplicidade, com alegria, sem orgulho, mas com coragem, pôs-se a caminho com seu fiel Amigo.

E, como ele, recebeu o beijo da falsa amizade de alguém com quem dividira o pouco que tinha; como ele, percebeu que estava só, pois os outros estavam um pouco distantes, adormecidos ou paralisados pelo medo; como ele, entregou sua alma nas mãos do Pai, em um abandono confiante, cheio de amor, certo de não estar abandonado; como ele, deixou-se amarrar e, em silêncio, começou a rezar pelos seus algozes, pedindo perdão para eles, porque não sabiam o que estavam fazendo; como ele, esperou que os "dois ladrões", que chegaram por acaso, fossem mortos com ele na ladeira um pouco fora da aldeia.

Como ele...

E, exatamente naquele instante, descobriu o segredo por que o Amigo o esperara tanto e tinha tanto lutado com ele, tanto buscado, oferecido sua vida; descobriu que era verdadeiramente Irmão Charles de Jesus, que pertencia a ele, ao Amigo para o qual perdera seu coração e passara toda sua vida buscando imitá-lo; não existia mais nenhuma barreira entre ele e seu bem-amado Jesus. Via-o face a face. Nele, com ele e para ele se tornara Eucaristia. Agora que, como ele, se tinha feito dom até o fim, podia dizer e ser verdadeiramente seu, de Jesus.

E como ele e com ele, então, cabe a Irmão Charles de Jesus ser o Caminho pelo qual tantos irmãozinhos e tantas irmãzinhas, que como ele deram sua Vida pelo "Bem-amado Irmão Jesus", fazem descobrir as almas mais abandonadas, o mais negligenciado, a Verdade suprema de Jesus: "Amai-vos uns aos outros como eu vos amei".

Parece-nos quase ouvi-lo sussurrar: "Trabalhai para a santificação do mundo, empenhai-vos como minha Mãe; sem palavras, em silêncio, estabelecei as vossas casas no meio daqueles que me ignoram... e levai o Evangelho não pregando com a boca, mas pregando-o com o exemplo; não o anunciando, mas vivendo-o", [pois] "todo nosso ser deve ser uma pregação viva, um reflexo de Jesus, um perfume de Jesus, algo que grite Jesus, que faça ver Jesus, que brilhe como uma imagem de Jesus".

APÊNDICE I

CAMINHANDO COM A IGREJA E O PAPA FRANCISCO NAS PEGADAS DE CHARLES DE FOUCAULD, PARA ABRIR UM NOVO CAMINHO[1]

PREFÁCIO

Antes de começar, simplesmente, a apresentar algumas indicações sobre os laços que existem entre *Evangelii gaudium* e Charles de Foucauld, sublinho duas observações gerais que nos podem ajudar a apreciar melhor a Exortação:

a) O *estilo*. O Papa Francisco decidiu apresentar-se não como mestre que acentua ou renova uma doutrina, mas, como bom jesuíta, como acompanhante espiritual para ajudar a Igreja a sair do próprio recolhimento e tornar-se missionária. O tema da exortação é "sobre o anúncio do Evangelho no mundo atual". Precisávamos disso, pois fazia tempo que na Igreja não havia um convite para sair: João Paulo II tem uma só exortação missionária, a *Redemptoris missio*; e Bento XVI não possui nenhuma. Portanto, a Igreja permaneceu fechada sobre si mesma por mais de

---

[1] Conferência feita aos responsáveis das famílias italianas de Charles de Foucauld, em 8 de março de 2014.

trinta anos. Agora chegou uma lufada de ar "universal", que sopra "do fim do mundo"!

b) A *linguagem*. A revista *Time* elegeu o Papa Francisco como "homem do ano de 2013", com esta motivação: "Em menos de um ano, fez algo verdadeiramente significativo: não mudou as palavras, mudou a música". A linguagem de sua exortação tem forte sabor inaciano e também foucauldiano; com simplicidade, toca o coração dos cristãos, dá esperança e vontade de viver a própria fé e de anunciá-la no estilo de Charles de Foucauld. Um exemplo é o capítulo V, *Evangelizadores com Espírito*, em que somos convidados a deixar espaço para o Espírito Santo (n. 261), a rezar e trabalhar (n. 262), a contemplar (n. 264), a cultivar a amizade com Jesus e o amor fraterno (n. 265), no meio do povo de Deus (n. 266).

São muitos os temas ligados à mensagem e ao carisma do nosso Charles de Foucauld. Isso implica não só admirá-lo mais uma vez como também segui-lo ao longo de sua jornada, fazendo as devidas distinções – o que não podemos fazer aqui. Por isso, limito-me a alguns pontos, sugestões, nascidos ao frequentar Charles de Foucauld, mas que ao mesmo tempo devem encontrar cada um de nós atentos para descobrir outros novos na nossa caminhada na Igreja, sob a liderança do Papa Francisco e acompanhados por Charles de Foucauld.

1. ALGUMAS SUGESTÕES SOBRE A "NOVA ETAPA EVANGELIZADORA"

O tema de base, a via mestra sobre a qual o Papa Francisco quer conduzir a Igreja, é uma nova abertura missionária (cf. n. 11, 15, 20, 25, 176, 287...), e isto está expresso com uma linguagem original: uma "Igreja em saída". A Igreja em saída "é uma Igreja com as portas abertas" (n. 46), uma Igreja que "não é uma alfândega, mas é uma casa paterna onde há lugar para todos com sua vida fadigosa" (n. 47). Todos somos chamados a essa nova "saída missionária" (n. 20). De fato, se a Igreja não evangeliza, não é mais Igreja, se um cristão não evangeliza, não é mais cristão. Isto não significa todos partirem "em missão", mas sim tomarem consciência de que todos somos apóstolos, enviados a anunciar a Boa-Nova para que o Evangelho chegue a todos, em todas as condições sociais, especialmente às periferias do mundo (n. 24). E exorta: "Todas as comunidades se esforcem por pôr em ato os meios necessários para avançar no caminho de uma conversão pastoral e missionária, que não pode deixar as coisas como estão. Neste momento não nos serve uma 'simples administração'. Constituamo-nos em 'estado permanente de missão' em todas as regiões da terra" (n. 25, 27).

Diante deste convite do Papa Francisco, podemos fazer nosso o desejo de levar o Evangelho ao Saara de Charles de Foucauld. Nunca me cansarei de repetir que ele não foi ao deserto para viver ali como silencioso "eremita", mas sim para levar o Evangelho. Este, e não os oásis ou as dunas douradas, foi "o fermento espiritual" que o levou a escolher o deserto e a viver ali como "ostensório" de Jesus Cristo e a buscar, durante toda sua permanência, "operários evangélicos" – sacerdotes, mas também leigos, segundo o modelo de Áquila e Priscila – que consagrassem toda sua vida por esses irmãos mais pobres "aos quais falta tudo porque lhes falta Jesus".

Alimentando esse desejo, podemos também participar da nova evangelização que se realiza fundamentalmente em três âmbitos (n. 14). Em primeiro lugar, a pastoral ordinária. Aqui é interessante notar como o Papa Francisco se refere à paróquia e às outras instituições eclesiais (n. 28, 29), à Igreja particular (diocese), convidada "a entrar decididamente em um processo de discernimento, purificação e reforma", para "procurar estar sempre onde fazem mais falta a luz e a vida do Ressuscitado" (n. 30), sem esquecer o bispo (e o papa), pois também ele deve cultivar o "sonho missionário de chegar a todos" (n. 31). Em segundo lugar se dirige "àquelas *pessoas batizadas que, porém, não vivem as exigências do Batismo,* que não sentem uma pertença cordial à Igreja e já não experimentam a consolação da fé". Por fim se dirige *"àqueles que não conhecem Jesus Cristo ou que sempre o recusaram.* Porque todos têm o direito de receber o Evangelho. Os cristãos têm o dever de anunciá-lo sem excluir ninguém, não como quem impõe uma nova obrigação, mas como quem partilha uma alegria, indica um horizonte estupendo, oferece um banquete apetecível. A Igreja não cresce por proselitismo, mas 'por atração'" (n. 14). É por isso que "cada cristão é missionário na medida em que se encontrou com o amor de Deus em Cristo Jesus; não digamos mais que somos 'discípulos' e 'missionários', mas sempre que somos 'discípulos missionários'" (n. 120). Portanto, somos todos convidados a "sair da própria comunidade para chegar às periferias" e entrar em diálogo com todas as pessoas, com uma evangelização pessoal, isto é, de pessoa a pessoa (cf. n. 127-129, 142, 238-258).

Por que não ver nesta exortação do Papa Francisco aquilo que Charles de Foucauld escreveu a Joseph Hours, que lhe perguntara com que meios queria evangelizar os tuaregues: "Com a bondade, a ternura, o amor fraterno, o exemplo da virtude, com a humildade e a doçura, que sempre atraem e são tão cristãs; com alguns sem nunca lhes dizer uma palavra de Deus e da religião, sendo paciente como Deus é paciente, sendo bom como Deus é bom, sendo um irmão afetuoso e rezando; com outros, falando de Deus na medida em que possam aceitar. Sobretudo, ver em todo homem um irmão, ver em todo homem um filho de Deus, uma pessoa resgatada pelo sangue de Jesus. Banir de nós o espírito de conquista, pois é grande a distância entre o modo de fazer e de falar de Jesus e o espírito de conquista de quem não é cristão ou é mau cristão, e vê em torno de si inimigos a combater. O cristão é sempre terno amigo de todo ser humano; ele tem por toda pessoa os sentimentos do coração de Jesus: ser caridoso, bondoso, humilde com todos. Fazer-se tudo para todos para dar todos a Jesus".

Ademais, e isso me parece importante sublinhar, mesmo correndo o risco de me repetir, nota-se que a Igreja não é uma comunidade narcisista, mas sim um povo a caminho (n. 19-24), que leva sempre em si "a dinâmica do êxodo e do dom de sair de si, de caminhar e de semear mais uma vez, sempre além" (n. 21). A preocupação da Igreja não deve ser, portanto, sua autoafirmação ou a autoconservação, mas exatamente seu despojamento, seguindo o exemplo de Cristo na Carta aos Filipenses (2,5-11). Segundo o Papa Francisco, a doença típica da Igreja é a autorreferencialidade, olhar a si mesma, estar recolhida sobre si mesma, pela falta de vontade de sair de si mesma com uma atitude de "sempre se fez assim" (n. 33). "Que a Igreja saia de si mesma, seja 'extrovertida', porque não olhe para si, mas para o Senhor e para os rostos do Senhor na história: os homens e as mulheres, e entre eles os últimos, sobretudo os pobres" (E. Bianchi). Nossos responsáveis pela Fraternidade Sacerdotal *Iesus Caritas* nos escrevem mais prosaicamente: "Convidamos a Fraternidade a não permanecer fechada, mas a envolver-se com os outros, dando-se aos últimos, à convivência com as outras religiões e realidades sem Deus, com aqueles que sofrem, com os imigrantes, as minorias étnicas, aqueles que estão sob o domínio da droga, os exilados da guerra".

2. EVANGELHO

O instrumento para esse "desafio máximo para a Igreja", oferecido a nós pelo Papa Francisco e que é o coração do carisma de Charles de Foucauld (que queria seus discípulos *evangelhos vivos*), não é algo extraordinário: é o Evangelho[2] (cf. n. 97). Como sempre, quando a Igreja quer renovar-se, deve voltar à fonte, ao Evangelho, fazendo seu o convite de Charles de Foucauld: "Voltemos ao Evangelho. Se nós não vivemos o Evangelho, Jesus não vive em nós". Não só "lendo e relendo [como também] meditando e meditando de novo, sem interrupção, as suas palavras e os seus exemplos", nos deixaremos impregnar pelo espírito de Jesus e encontraremos no Evangelho caminhos novos (n. 11). Certamente é preciso saber aplicar o discernimento evangélico necessário (n. 51); nisto, Irmão Charles foi mestre, não só para discernir sua vocação como também sua pastoral entre os tuaregues. Sem parar, ele buscou traduzir do melhor modo o Evangelho na sua vida, configurando-se sempre mais a ele, de maneira concreta entre as pessoas. Ele foge de Beni Abbes porque se dá conta de que está se tornando um "missionário clássico"; em Tamanrasset, embora não renuncie ao carisma de Nazaré, faz de tudo para estar perto das pessoas, para viver com e como elas.

Um Evangelho que não aprisiona, mas dá *alegria* (n. 1, 21, 83). O termo volta 59 vezes na exortação: alegria de viver e de anunciar o Evangelho![3]

Embora haja muitas dificuldades na vida, o Papa acena para a alegria dos pobres e, logo depois, para a alegria do "coração crente, generoso e simples", que "bebe na fonte do amor maior, que é o de Deus, a nós manifestado em Jesus Cristo" (n. 7). É a alegria própria do cristão, que nasce de experimentar o amor de Deus por todos nós, seu perdão e sua ternura. Deus quer a alegria e a felicidade de cada homem, e a quer para todos,

---

[2] Por que não ver a grande importância dada pelo Papa Francisco, na *Evangelii gaudium*, à homilia como o instrumento para anunciar e tornar vivo o Evangelho para o mundo hodierno?

[3] Nesta tradução, a palavra "alegria" aparece 95 vezes. (N.T.)

"bons e maus". Alegria que se torna o critério de verificação do que se vive pessoalmente e como Igreja. O Papa recorda isso com expressões surpreendentes nos parágrafos 268-274, dedicados ao *Prazer de ser povo*: "Para ser evangelizadores com espírito [autênticos], é preciso também desenvolver o prazer espiritual de estar próximo da vida das pessoas, até chegar a descobrir que isto se torna fonte de uma alegria superior. A missão é uma paixão por Jesus, e simultaneamente uma paixão pelo seu povo" (n. 268). Podemos ouvir o eco desta "alegria superior", de que nos fala o Papa Francisco, nas palavras de Irmão Charles, quando convida seus futuros discípulos: "Misturemo-nos com eles (os nossos irmãos 'mais pequenos'); enquanto Deus quiser, procuremos ser um deles; façamos a eles todo o bem possível ao corpo e à alma; tratemo-los com honra para honrar Jesus, fraternalmente para ter a honra e a felicidade de ser contados entre eles... Ai daquele cujo orgulho insensato desdenhe aqueles que Deus coloca em primeiro lugar! 'Tudo o que fazeis a um destes pequeninos, fazeis a mim'". Não nos esqueçamos de que esta citação evangélica era um princípio da espiritualidade de Irmão Charles.

Concretamente, a alegria do Evangelho se realiza no anúncio (n. 30, 109). Um anúncio do qual a Igreja não é protagonista, mas colaboradora (n. 112), pois Jesus é e continua sempre o primeiro evangelizador (todo o primeiro capítulo e n. 12, 24, 110-111). Daí a necessidade da contemplação de Jesus: "Imitemos, portanto, Jesus por amor, contemplemos Jesus por amor, ajamos em tudo por amor de Jesus... Sejamos amor e só produziremos atos de amor, efeitos de amor". Parece que Charles de Foucauld não só já nos tinha tornado conscientes de que somos colaboradores de Jesus e do seu Espírito no anúncio do Evangelho, como também resume em si, na sua vida e na sua pessoa, as características dos dois grandes padroeiros da missão: Santa Teresinha do Menino Jesus e São Francisco Xavier

(n. 15). Ela foi contemplativa no Carmelo de Lisieux; ele, missionário na Ásia; porém ambos foram considerados padroeiros da missão exatamente para lembrar que os dois traços seguem sempre juntos. Ora, em Irmão Charles convergem esses dois aspectos; sua vida nos diz que a missão "mergulha as suas raízes na Trindade, mas tem sua concretização histórica em um povo peregrino e evangelizador" (n. 111), "porque a contemplação que deixa de fora os outros é uma farsa" (n. 281).

MISERICÓRDIA

Outro tema que é preciso redescobrir e sobre o qual Papa Francisco gosta de voltar sempre é o da misericórdia. Francisco nos exorta a redescobrir que a novidade da "pastoral em chave missionária" é o próprio modo de agir de Deus na história, que se manifesta com seu novo e inesperado jeito de ser e revelar-se, a misericórdia. A mensagem de Jesus é uma mensagem de amor, de ternura, de piedade, de compaixão e de misericórdia. O Papa não tem medo de afirmar que aí está o "núcleo essencial do Evangelho que lhe confere sentido, beleza e fascínio" (n. 34); então, "a proposta acaba simplificada, sem com isso perder profundidade e verdade, e assim se torna mais convincente e radiosa" (n. 35). Nessa proposta, "o que sobressai é a beleza do amor salvífico de Deus, manifestado em Jesus Cristo morto e ressuscitado" (n. 36). Amor que se torna misericórdia salvífica para todos. Cabe a nós fazer redescobrir que toda vida de fé não é outra coisa senão resposta ao amor, à misericórdia de Deus: "O Evangelho convida, antes de tudo, a responder a Deus que nos ama e salva, reconhecendo-o nos outros e saindo de nós mesmos para procurar o bem de todos. Este convite não há de ser obscurecido em nenhuma circunstância!". Caso contrário, "a mensagem correrá o risco de perder seu frescor e já não ter o perfume do Evangelho" (n. 39).

Parece-me que esta mensagem de misericórdia foi expressa por Charles de Foucauld por duas imagens: a do Sagrado Coração e a da "bondade de Deus".

Na visão de Irmão Charles, o Sagrado Coração é o resumo mais eloquente e claro do amor e da misericórdia de Jesus, a quem ele quer imitar e dar a todos as pessoas, com a mesma generosidade e gratuidade do Mestre: "Sê misericordioso, inclina terna e caridosamente teu coração para as misérias dos outros, para os pecadores a fim de perdoar e converter, para os infelizes a fim de consolar, para os ignorantes a fim de iluminá-los, para os necessitados a fim de dar e cuidar. Toma exemplo de mim: 'Sê misericordioso como eu sou misericordioso... faço nascer o meu sol sobre os bons e sobre os maus... Vê como perdoo. [...] Vê como converto! [...] Vê como consolo! [...] Vê como dou! [...] Vê como curo!... Perdoa e dá como eu, e inclina ternamente como eu o teu coração para todos os miseráveis, abraçando todos os homens em um perdão e em uma caridade universal'".

A outra imagem é a da "bondade de Deus". De volta de sua viagem à França em 1909, escreve no seu diário as últimas recomendações recebidas de Abbé Huvelin, que morreria no ano seguinte: "Meu apostolado deve ser o apostolado da bondade. Ao me ver, deve-se dizer: 'Já que este homem é tão bom, sua religião deve ser boa'. Se me perguntarem por que sou gentil e bom, devo dizer: 'Porque sou o servidor de alguém muito melhor do que eu. Se vós soubesses como é bom o meu Mestre Jesus!'. O padre é um ostensório, seu papel é mostrar Jesus. Esforçar-me para deixar uma boa recordação na alma de todos aqueles que se aproximarem de mim'. Bondade que concretamente significa 'derramar, resplandecer este grande amor de *Deus* e de Jesus sobre todos os homens 'pelos quais Cristo morreu', 'resgatados a preço caro', 'amando-os como ele os amou', e fazendo todo o possível, tudo aquilo que ele fazia em Nazaré para salvar as almas, santificá-las, consolá-las, confortá-las, nele, por ele e como ele".

O Papa Francisco nos diz que, na misericórdia, somos chamados a *primeirear*, a tomar a iniciativa. Exatamente porque "a comunidade evangelizadora experimenta que o Senhor tomou a iniciativa, precedeu-a no amor (cf. 1Jo 4,10), e, por isso, ela sabe ir à frente, sabe tomar a iniciativa sem medo, ir ao encontro, procurar os afastados e chegar às encruzilhadas dos caminhos para convidar os excluídos. Vive um desejo inexaurível de oferecer misericórdia, fruto de ter experimentado a misericórdia infinita do Pai e sua força difusiva... Deixando-nos envolver, acompanhar, frutificar e festejar essa misericórdia com todos os homens... Os evangelizadores contraem assim o 'cheiro das ovelhas', e estas escutam sua voz" (n. 24), o perfume e a escuta do Evangelho, isto é, de Jesus Cristo, Evangelho vivo.

A MISERICÓRDIA NÃO EXCLUI A JUSTIÇA, SOBRETUDO PARA COM OS POBRES

Enzo Bianchi, no artigo já citado, continua: "Que expectativas, portanto, suscita o ministério petrino exercido por Papa Francisco? Antes de tudo ele anunciou 'uma Igreja pobre e para os pobres'. Não só uma Igreja que se preocupa com os pobres, que 'faz o bem' para eles, mas que se faz pobre à imagem do Senhor, o qual 'de rico que era tornou-se pobre por causa de nós' (cf. 2Cor 8,9), para ser solidário em tudo com os homens".

A novidade da *Evangelii gaudium* é voltar a falar da opção preferencial pelos pobres como "categoria teológica", ao colocá-los "no centro do caminho da Igreja" (n. 198), porque, "no coração de Deus, ocupam lugar preferencial os pobres, tanto que até ele mesmo 'se fez pobre' (2Cor 8,9). Todo o caminho da nossa redenção está assinalado pelos pobres" (n. 197). Linguagem que não se ouvia há muito tempo... O Papa Francisco disse ainda recentemente que esta opção não é um acréscimo à experiência de fé cristã, mas sua *consequência* coerente, seu *âmbito* necessário para vivê-la em plenitude, e, por isso, um dos testes decisivos da sua autenticidade. "Não devem subsistir dúvidas nem explicações que debilitem esta mensagem claríssima. Hoje e sempre, 'os pobres são os destinatários privilegiados do Evangelho', e a evangelização dirigida gratuitamente a eles é sinal do Reino que Jesus veio trazer. Há que afirmar sem rodeios que existe um vínculo indissolúvel entre nossa fé e os pobres. Não os deixemos jamais sozinhos" (n. 48).

Parece-me que, à luz desta "categoria teológica" dos pobres, devem ser lidos também os parágrafos onde Francisco denuncia "a economia da exclusão e da desigualdade social" (n. 53), a "idolatria do dinheiro que governa em vez de servir" (n. 55-58), a "desigualdade social que gera violência" (n. 59, 60). Sobretudo, porém, somos convidados a perceber de novo que: "Deriva da nossa fé em Cristo, que se fez pobre e sempre se aproximou dos pobres e marginalizados, a preocupação pelo desenvolvimento integral dos mais abandonados da sociedade" (n. 186). "Cada cristão e cada comunidade são chamados a ser instrumentos de Deus a serviço da libertação e promoção dos pobres, para que possam integrar-se plenamente na sociedade; isto supõe estar docilmente atentos, para ouvir o clamor do pobre e socorrê-lo" (n. 187, cf. n. 201), sabendo que "às vezes se trata de ouvir o clamor de povos inteiros, dos povos mais pobres da terra" (n. 190). Essa preocupação pelos pobres, pelos mais fracos da terra, "nos quais somos chamados a reconhecer Cristo sofredor" (n. 210), "supõe a criação de uma nova mentalidade que pense em termos de comunidade, de prioridade da vida de todos sobre a apropriação dos bens por parte de alguns, de solidariedade" (n. 188, 189). Isso se dá mediante nossa fidelidade ao Evangelho: "A própria beleza do Evangelho nem sempre a conseguimos manifestar adequadamente, mas há um sinal que nunca deve faltar: a opção pelos últimos, por aqueles que a sociedade descarta e lança fora" (n. 195).

São muitos os exemplos e as páginas de Charles de Foucauld citando a este respeito. Limito-me a esta densa página ligada àquilo que Papa Francisco escreve sobre a necessidade de "que todos nos deixemos evangelizar por eles. A nova evangelização é um convite a reconhecer a força salvífica das suas vidas, e a colocá-los no centro do caminho da Igreja" (n. 198). Irmão Charles escreve: "Não desprezemos os pobres, os pequenos, os operários; eles não só são nossos irmãos em Deus como também imitam perfeitamente Jesus em sua vida exterior; representam-nos perfeitamente Jesus, o operário de Nazaré... São os primogênitos entre os eleitos, os primeiros chamados ao berço do Salvador... Foram a companhia habitual de Jesus, do seu nascimento a sua morte; a eles pertenciam Maria e José e os apóstolos, e esses benditos pastores... Longe de desprezá-los, honremo-los, honremos neles as imagens de Jesus e dos seus santos pais... Em vez de desdenhá-los, admiremo-los, invejemo-los... E que nossa admiração e nossa inveja sejam frutuosas e que nos levem a imitá-los... Imitemo-los, e, já que sabemos que a condição deles é a melhor, aquela que Jesus escolheu para si mesmo, para os seus, aquela que chamou por primeiro a seu berço, que mostrou, através dos seus atos e das suas palavras, ser a condição preferida, privilegiada, abracemo-la... [...] E, se nos chamar ao apostolado, permaneçamos nesta vida pobre como ele mesmo permaneceu, pobres como foi São Paulo, 'o seu fiel imitador'... Nunca cessemos de ser em tudo pobres, irmãos dos pobres, companheiros dos pobres; sejamos os mais pobres dos pobres como Jesus, e como ele amemos os pobres e cerquemo-nos deles".

3. IRMÃO UNIVERSAL

Ser "irmão universal" é uma intuição importante na espiritualidade de Charles de Foucauld. Foi uma vocação encarnar o amor e o serviço entre os humildes e os pobres com a amizade e o testemunho silencioso, partilhando sua situação social, seu trabalho, suas relações... Tornou-se uma atitude, um modo de olhar o outro, de estar atento ao outro, ao irmão que o Senhor coloca no caminho. Caminhos, os do deserto, que não estavam assinalados no mapa, mas na memória dos seus habitantes; caminhos fascinantes pelo silêncio, pela clareza das suas noites estreladas, mas, sobretudo, caminhos que era preciso percorrer com a gente que nascera ali; caminhos que quase obrigavam à companhia, ao conhecimento recíproco, a um precisar do outro, à amizade, a ser irmãos... Embora as pessoas o chamassem e o teriam sempre chamado de "marabu", ele preferia ser chamado de "irmão universal". Ao chegar, no final de 1901, a Beni Abbes, quis "habituar todos os habitantes, cristãos, muçulmanos, hebreus e idólatras, a considerar-me como seu irmão, o irmão universal...". É mais uma vez Georges Gorrée quem nos atesta que Irmão Charles, ao escrever a Lacroix, um amigo militar que tinha servido na Argélia, justifica assim essa expressão: "Escolhi este nome para indicar que sou irmão deles e o irmão de cada ser humano, sem exceção ou distinção".

Sabemos que essa fraternidade foi declinada no dom de si. Este é outro tema que percorre toda a exortação apostólica, unindo-se ao carisma de Irmão Charles. O Papa Francisco, na tradição da Igreja, não tem medo de afirmar: "A vida se alcança e amadurece à medida que é entregue para dar vida aos outros" (n. 10). Colocar no outro o centro da própria existência na mesma dinâmica vivida por Jesus, isto é, no dom contínuo de si, até dar a própria vida: "A entrega de Jesus na cruz é apenas o culminar deste estilo que marcou toda sua vida" (n. 269).

E este dom é para todos. Somos chamados a ser "irmãos universais" para todos, mas, de modo particular, para os mais pobres. Nestes, somos chamados a reconhecer Jesus vivo e realmente presente, como na Eucaristia. No capítulo XXIX do seu Regulamento *Caridade para com aqueles que estão fora (benefícios espirituais)*, Charles de Foucauld lembra mais uma vez que os irmãozinhos têm como tarefa ser "representantes de Nosso Senhor ('como o Pai me enviou, assim eu vos envio'), ou seja, Salvadores universais, amigos universais, irmãos universais". No fim do capítulo, recorda mais uma vez como eles representam entre as pessoas "o mais perfeitamente possível, Nosso Senhor Jesus, salvador de todos os homens, o Sagrado Coração que ama todos os homens, sua divina caridade que abraça cada homem, sendo como ele amigos universais, irmãos universais e, enquanto possível, salvadores universais".

O Papa Francisco, por sua vez, nos diz que, "para ser evangelizadores com espírito, é preciso também desenvolver o prazer espiritual de estar próximo da vida das pessoas, até chegar a descobrir que isto se torna fonte de uma alegria superior. A missão é uma paixão por Jesus e simultaneamente uma paixão pelo seu povo" (n. 268). Um povo que não é anônimo, mas tem um rosto: "O Evangelho convida-nos sempre a abraçar o risco do encontro com o rosto do outro, com sua presença física que interpela, com seu sofrimento e suas reivindicações, com sua alegria contagiante, permanecendo lado a lado" (n. 88). Diante de um mundo que cultiva a aparência (cf. n. 62), e no qual também os agentes pastorais são tentados pelo individualismo, pelo relativismo, pela acídia, pelo pessimismo estéril, pela mundanidade (cf. n. 77, 100), somos convidados a um "desafio importante", isto é, "mostrar que a solução nunca consistirá em escapar de uma relação pessoal e comprometida com Deus, que ao mesmo tempo nos comprometa com os outros. [...] Faz falta ajudar a reconhecer que o único caminho é aprender a encontrar os demais com a atitude adequada, que é valorizá-los e aceitá-los como companheiros de estrada, sem resistências interiores. Melhor ainda, trata-se de aprender a descobrir Jesus no rosto dos outros, na sua voz, nas suas reivindicações;

e aprender também a sofrer, em um abraço com Jesus Crucificado, quando recebemos agressões injustas ou ingratidões, sem nos cansarmos jamais de optar pela fraternidade" (n. 91).

Irmão Charles buscou continuamente o rosto do irmão entre os tuaregues, sustentado pela fé que o convidava a "ver em cada ser humano um irmão... ver em cada ser humano um filho de Deus, uma alma resgatada pelo Sangue de Jesus, uma alma amada por Jesus, uma alma que devemos amar como a nós mesmos e para cuja salvação devemos trabalhar". Ele que chegara ao Saara embalando-se no sonho monástico, pouco a pouco se converte, e então sua vida "consiste em estar o máximo possível em relação com aqueles que me cercam e em prestar todos os serviços que posso". Vivendo assim, torna-se também um paradoxo original: embora vivendo na solidão extrema do Saara, tornou-se o precursor daquela "mística de viver juntos" de que fala o Papa Francisco no n. 87: "Sentimos o desafio de descobrir e transmitir a 'mística' de viver juntos, misturar-nos, encontrar-nos, dar o braço, apoiar-nos, participar nesta maré um pouco caótica que pode transformar-se em uma verdadeira experiência de fraternidade, em uma caravana solidária, em uma peregrinação sagrada" (cf. n. 268-274).

Em minha opinião, este convite que ele nos faz de criar laços com os outros irmãos – e retomado em toda a Exortação – faz parte do carisma, e certamente da espiritualidade, de Irmão Charles, que fala de tecer relações de amizade. Uma amizade que não se impõe, mas que se oferece, vai em direção aos irmãos, torna-se disponibilidade e generosidade para com todos, "ir a eles como Jesus, na humildade, na doçura, ensinando a verdade com o exemplo e a palavra; sacrificar-nos por eles consumindo nosso tempo e tudo o que possuímos e oferecendo por eles nossas orações, nossos atos, nossos sofrimentos e nossa vida". Papa Francisco nos dá a certeza de que cultivando "a amizade com Jesus e o amor fraterno [...] temos à disposição um tesouro de vida e de amor que não pode enganar, a mensagem que não pode manipular nem desiludir. É uma resposta que desce ao mais fundo do ser humano e pode sustentá-lo e elevá-lo. É a verdade que não passa de moda, porque é capaz de penetrar onde nada mais pode chegar" (n. 265). É essencial, então, redescobrir e seguir sempre o convite de Irmão Charles de se tornar "o amigo seguro ao qual se recorre quando se está na dúvida ou no sofrimento; sobre o afeto, a sabedoria e a justiça daquele com que se pode contar absolutamente... A minha vida consiste, portanto, em estar o máximo possível em relação com aqueles que me rodeiam e prestar todos os serviços que posso".

Uma fraternidade universal a descobrir de novo, pois os responsáveis pela fraternidade escrevem em seu último relatório: "Constatamos que os jovens padres apreciam muito o espírito de Irmão Charles. A sua espiritualidade é levada em consideração, mas cremos que não exista a dimensão de irmão universal, a opção pelos últimos, o estilo de Nazaré". A eles, mas também a nós, devemos recordar "que cada pessoa é digna da nossa dedicação... porque é obra de Deus, criatura sua. Ele a criou à sua imagem, e reflete algo da sua glória. Cada ser humano é objeto da ternura infinita do Senhor, e ele mesmo habita na sua vida. Na cruz, Jesus Cristo deu seu sangue precioso por essa pessoa. Independentemente da aparência, cada um é imensamente sagrado e merece nosso afeto e nossa dedicação" (n. 274). Por isso, os irmãos "não farão 'distinção de pessoa'. [...] Que sua universal e fraterna caridade [dos irmãozinhos] brilhe como um farol; que ninguém, em um grande raio ao redor, mesmo que se trate de um pecador ou de um infiel, ignore que eles são os amigos universais, os irmãos universais, que consomem sua vida rezando por todos os homens sem exceção e fazendo o bem a eles; que sua fraternidade é um porto, um asilo onde todo ser humano, especialmente se for pobre ou infeliz, é a todo momento convidado fraternalmente, desejado e acolhido, e que ela é, como diz o nome, a casa do Sagrado Coração de Jesus, do amor divino que irradia na terra, da Caridade ardente, do Salvador dos homens".

4. UMA PALAVRA SOBRE O CAPÍTULO 5: EVANGELIZADORES COM ESPÍRITO

Também aqui o entrelaçamento entre o Papa Francisco e Charles de Foucauld mereceria um longo discurso. À luz do carisma de Irmão Charles, limito-me a insistir no *primado de Deus* e na *santidade* para ser colaboradores eficazes dos novos caminhos traçados pelo Papa.

a) Primado de Deus. É um ponto importante que volta frequentemente nos discursos aos bispos, aos padres, à cúria e nas homilias do Papa Francisco.[4] Tema importante também para todos nós que, ocupados com muitas coisas, muitas vezes nos esquecemos de que nossa vida é antes de tudo dada ao Senhor... É a ele que devemos colocar em primeiro lugar; ele é nosso tesouro; dele, devemos aprender a ver o mundo com seus olhos, aprender a caminhar à sua luz (aqui está a importância do Evangelho) e a ter presente a grande caridade de Deus em Cristo, que é a cruz: "Nosso olhar de fé está concentrado, arrebatado pelo olhar do crucifixo. Está plantado ali, não se move dali, dali traz a luz e a linfa da vida nova" (Coda). Devemos redescobrir "a beleza do amor salvífico de Deus, manifestado em Jesus Cristo morto e ressuscitado" (n. 36), sentindo no fundo do nosso coração o primeiro anúncio, aquele fundamental: "Jesus Cristo ama-te, deu sua vida para te salvar, e agora vive contigo todos os dias para te iluminar, fortalecer, libertar" (n. 164).

---

[4] Parece claro a todos que sua insistência sobre o "carreirismo" do clero é porque o vê como uma contradição evidente à primazia de Deus na vida sacerdotal.

Irmão Charles mostrou-nos este primado de Deus na nossa vida desde o momento da conversão: "Assim que acreditei que havia um Deus, também compreendi que não podia fazer outra coisa senão viver para ele: a minha vocação religiosa remonta à mesma hora da minha fé. Deus é tão grande! Há tanta diferença entre Deus e tudo o que não é Deus!...". E viveu toda sua vida nessa radicalidade, à luz do primado de Deus, encontrando força para deixar a família que amava com muita ternura e reencontrando-a somente depois de muitos anos; submetendo-se a uma disciplina austera, a uma pobreza que não tinha limites por amor a seu "bem-amado irmão e Senhor Jesus". Ele que terminava sempre a lista dos seus retiros com: "A primeira coisa a fazer para ser útil às almas é trabalhar com todas as nossas forças e continuamente para nossa conversão pessoal".

Para isso chegou ao núcleo da vida cristã – como o Papa Francisco –, sublinhando que o essencial, a própria essência, é o conhecimento e o amor de uma pessoa, de Jesus. Ele é o Modelo Único... Ele é o *Iesus-Caritas* a imitar sempre, até à cruz: "Em caso de dúvida sobre o modo de viver e de seguir o *Regulamento dos Irmãozinhos do Sagrado Coração de Jesus*, conformar-me sempre com a conduta de Jesus em Nazaré e de Jesus na cruz, pois o primeiro dever dos irmãozinhos do Sagrado Coração e o meu, o primeiro artigo da sua vocação e da minha, do seu regulamento e do meu, o que para eles e para mim foi escrito por Deus *in capite libri*, é de imitar Jesus na sua vida de Nazaré e, chegada a hora, imitá-lo na sua *via crucis* e na sua morte".

Também devemos cultivar este primado de Deus, tornando--nos testemunhas do "essencial, do que é mais belo, mais importante, mais atraente e, ao mesmo tempo, mais necessário" (n. 35), traduzindo concretamente na nossa vida esse amor e esse testemunho com aquela extrema liberdade de amor e de amizade que Jesus teve, até dar a vida para que tenhamos experimentado sua presença viva e seu amor: "A primeira motivação para evangelizar é o amor que recebemos de Jesus, aquela experiência de sermos salvos por ele, que nos impele a amá-lo cada vez mais" (n. 264).

b) Esse primado tem uma consequência importante, que é nossa santidade. Repetimos mais uma vez que a santidade não é a perfeição moral, e sim uma semelhança sempre maior com Deus, que tem o rosto de Jesus, no dom de si para a salvação dos irmãos, fielmente, generosamente, gratuitamente...[5]

O Papa Francisco a exprime assim: "Jesus quer evangelizadores que anunciem a Boa-Nova não só com palavras como, sobretudo, com uma vida transfigurada pela presença de Deus" (n. 259). E traduz isto em "evangelizadores que rezam e trabalham" (n. 262), que contemplam o Evangelho e se detêm em suas páginas (n. 264), cultivam o amor com Jesus e o amor fraterno (n. 265), porque "o verdadeiro missionário, que não deixa jamais de ser discípulo, sabe que Jesus caminha com ele, fala com ele, respira com ele, trabalha com ele. Sente Jesus vivo com ele, no meio da tarefa missionária" (n. 266); cultiva o prazer de ser povo de Deus (cf. 268-274), abre espaço para a ação misteriosa do Ressuscitado e do seu Espírito (cf. n. 275-280), intercede pelos irmãos e pelas irmãs (cf. n. 281-283) – a intercessão é uma oração tipicamente foucauldiana – e tem como modelo Maria, a mãe da evangelização (cf. n. 284-288).

CONCLUSÃO

Parece que com Papa Francisco tenha-se iniciado aquele novo Pentecostes desejado por João XXIII na abertura do Vaticano II e pelos bispos da América Latina reunidos em Aparecida:

---

[5] A este respeito podemos ler com proveito a exortação *Gaudete et exsultate*, do Papa Francisco.

"Necessitamos de um novo Pentecostes! Necessitamos sair ao encontro das pessoas, das famílias, das comunidades e dos povos para lhes comunicar e compartilhar o dom do encontro com Cristo...".[6] Um encontro que não se fundamenta sobre muitas coisas, muitos projetos, meios ou instrumentos... mas sobre a qualidade do evangelizador de ser testemunha, pessoa evangélica, livre, capaz de ir ao encontro dos outros, que não fale do alto da cátedra, mas face a face, de irmão a irmão, recordando-nos aquilo que Irmão Charles escreveu: "Faz-se o bem não na medida do que se diz ou se faz, mas na medida do que se é, na medida da graça que acompanha nossos atos, na medida em que Jesus vive em nós, na medida em que nossos atos são os atos de Jesus que age em nós e através de nós".

Por isso, estou mais convencido do que nunca de que, com Papa Francisco, a mensagem de Charles de Focault entrou, com discrição, mas com força, no coração da Igreja... Estamos no coração da Igreja! Cabe a nós não desperdiçar este momento, este tempo oportuno para melhor conhecer nosso "bem-amado irmão", nós, primeiramente, e torná-lo conhecido a todos, porque estamos certos de que, com ele, com seu carisma e sua espiritualidade, seguiremos melhor as pegadas do "Senhor Jesus", as pegadas da santidade, isto é, da plenitude da felicidade, porque "com Jesus Cristo renasce sem cessar a alegria" (n. 1). Não a alegria efêmera, mas a que supera o espaço e o tempo para entrar na eternidade!

---

[6] Documento de Aparecida, p. 243. Cf. http://www.dhnet.org.br/direitos/cjp/a_pdf/cnbb_2007_documento_de_aparecida.pdf.

APÊNDICE II

ESCRITOS DE CHARLES DE FOUCAULD

"Meu Deus, como sois bom! Como sois bom por amar-nos a ponto de estar em nós, de viver em nós com o vosso amor por nós!... Nós devemos viver em Deus com nosso amor por ele, segundo este princípio: 'Quem ama vive menos em si que no ser amado'. Não mais viver em nós, mas em Deus, é nosso dever e ao mesmo tempo a felicidade perfeita... Isto é infinitamente justo, pois Deus é amabilíssimo. E a nós, vossas pobres criaturas, vós nos amais a ponto de viver em nós com vosso amor por nós... Que sonho, que felicidade inaudita, que fonte de graças e de felicidade!... Não é somente com a essência, ou Deus, que 'vós estais em nós e nós estamos em vós', o que é de uma inefável doçura; é exatamente com o amor que 'vós estais em nós e nós estamos em vós'. Nós estamos em vós com o amor, porque devemos amar-vos a ponto de não viver mais em nós, mas em vós; vós estais em nós com o amor, pois nos amais a ponto de não viver mais apenas em vós, mas diretamente em nós... É isto que explica como 'aquilo que se faz a um destes pequeninos faz-se a vós'; faz-se isso muito realmente, pois vós viveis em cada um deles com vosso amor... Não apenas são os vossos membros como parte do vosso corpo místico, como matéria do vosso corpo místico (matéria próxima ou distante) e como tais viveis em cada um deles, como a cabeça vive nos seus membros, como também são vossos bem-amados, e a este título viveis em cada um deles como aquele que ama e vive no ser amado... Como sois bom, e que felicidade infinita é nossa, ó meu Senhor Jesus!"

"Os meios dos quais Jesus se serviu no presépio, em Nazaré, na cruz, são: pobreza, abjeção, humilhação, abandono, perseguição, sofrimento, cruz. Estas são as nossas armas, as do nosso divino Esposo, o qual nos pede que o deixemos continuar em nós sua vida; ele, o único amor, o único Esposo, o único Salvador e também a única sabedoria e a única verdade. Sigamos este 'único modelo', assim estaremos seguros de estar certos, porque não somos nós que vivemos, mas ele que vive em nós; os nossos atos não são mais nossos, humanos e miseráveis, mas os dele, divinamente eficazes."

"Acolhamos o Evangelho! Pelo Evangelho, segundo o Evangelho, seremos julgados, não com base neste ou naquele livro, deste ou daquele mestre espiritual, deste ou daquele doutor, deste ou daquele santo, mas segundo o Evangelho de

Jesus, segundo as palavras de Jesus, os exemplos de Jesus, os conselhos de Jesus, os ensinamentos de Jesus."

"Com seu exemplo, os irmãos e as irmãs devem ser uma pregação viva: cada um deles deve ser um modelo de vida evangélica; ao vê-los, deve-se ver aquilo que é a vida cristã, o que é a religião cristã, o que é o Evangelho, quem é Jesus. A diferença entre sua vida e a vida dos não cristãos deve fazer aparecer com clareza onde está a verdade. Devem ser um Evangelho vivo: as pessoas distantes de Jesus, e especialmente os infiéis, devem, sem livros e sem palavras, conhecer o Evangelho ao olhar sua vida."

"Cada cristão deve, portanto, ser apóstolo: não é um conselho, é um mandamento, o mandamento da caridade. Ser apóstolo, com quais meios? [...] Com os melhores, segundo aqueles aos quais se dirigem: com todos aqueles com quem estão em relação, sem exceção, com a bondade, a ternura, o afeto fraterno, o exemplo da virtude, com a humildade e a gentileza, que sempre atraem e são tão cristãs; com alguns, sem nunca lhes dizer uma palavra sobre Deus, sendo bons como Deus é bom, mostrando-se irmãos deles e rezando; com outros, falando de Deus na medida em que possam aceitar, e tenham em mente apenas buscar a verdade, com o estudo da religião, pondo-os em contato com um padre, escolhido com cuidado, e capaz de lhes fazer o bem..."

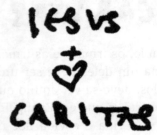

Quanto mais abraçamos a cruz,
mais apertamos firmemente
Jesus
que está pregado nela.
Quanto mais nos falta tudo na terra,
mais encontramos
o que a terra nos oferece de melhor:
a *cruz*.
Viver hoje como se fosse morrer mártir.
Desejo ser sepultado no mesmo lugar
em que morrer e ali repousar
até a ressurreição.
Sem caixão, tumba muito simples,
sem monumento,
tendo em cima uma cruz de madeira.

OBRAS E CORRESPONDÊNCIA DE CHARLES DE FOUCAULD[1] CITADAS NO LIVRO

OBRAS ESPIRITUAIS

Aux plus petits de mes frères. Paris: Nouvelle Cité, 1973.

Carnet de Beni-Abbés (1901-1905). Paris: Nouvelle Cité, 1993.

Carnets de Tamanrasset (1905-1916). Paris: Nouvelle Cité, 1986.

Commentaire de Saint Matthieu. Paris: Nouvelle Cité, 1989.

Considérations sur les fêtes de l'année. Paris: Nouvelle Cité, 1987.

Crier l'Evangile. Retraites en Terre Sainte. Paris: Nouvelle Cité, 1974.

Directoire. Conseils. Paris: Seuil, 1961.

En vue de Dieu seul. Méditations sur les 15 vertus. Paris: Nouvelle Cité, 1999.

L'esprit de Jésus. Méditations (1898-1915). Paris: Nouvelle Cité, 1976.

L'Evangile présenté aux pauvres du Sahara. Paris: Arthaud, 1947.

L'imitation du Bien-Aimé. Méditations sur les Saints Evangiles. Paris: Nouvelle Cité, 1997.

La bonté de Dieu. Méditations sur les saints évangiles. Paris: Nouvelle Cité, 1996.

La dernière place. Retraites en Terre Sainte (1897-1900). Paris: Nouvelle Cité, 1974.

Méditations sur les Psaumes. Paris: Nouvelle Cité, 2002.

Petit frère de Jésus. Méditations (1897-1900). Paris: Nouvelle Cité, 1976.

Qui peut résister à Dieu. Méditations sur l'Ecriture Sainte (1896-1898). Paris: Nouvelle Cité, 1980.

Règlements et directoire. Paris: Nouvelle Cité, 1995.

Seul avec Dieu. Retraites à ND des Neiges et au Sahara. Paris: Nouvelle Cité, 1975.

Voyageur dans la nuit. Notes de spiritualité (1888-1916). Paris: Nouvelle Cité, 1979.

---

[1] A tradução dos textos franceses para o italiano foi obra do autor; já para o português, foi feita com base no texto italiano. (N.T.)

CORRESPONDÊNCIA

Cette chère dernière place. Lettres à mes frères de la Trappe. Paris: Cerf, 2011. (*Dernière place*)

Charles de Foucauld-Abbé Huvelin. 20 ans de correspondance entre Charles de Foucauld et son directeur spirituel (1890-1910). (J-F. Six e B. Cusinier ed.). Paris: Nouvelle Cité, 2010. (*Huvelin*).

Correspondances avec les neveux et nièces (1893-1916). Paris: Karthala, 2016.

Correspondances lyonnaises (1904-1916). Paris: Karthala, 2005.

Correspondances Sahariennes. Lettres inédites aux Pères blancs et aux Soeurs blanches (1901-1916). (Thiriez Ph. – Chatelard A. ed.). Paris: Cerf, 1998. (*Correspondances Sahariennes*)

L'aventure de l'amour de Dieu. 80 lettres inédites de CDF à Louis Massignon (Six J.F. ed.). Paris: Seuil, 1993. (*L'aventure*)

Lettres à son ami Henry de Castries (1901-1916). B. Cusinier e J-F. Six ed.) Paris: Nouvelle Cité, 2011. (*Castries*)

Lettres à Mme de Bondy. De la Trappe à Tamanrasset. Paris: DDB, 1966.

Lettres à un ami de lycée. Correspondance inédite avec Gabriel Tourdes. Paris: Nouvelle Cité, 2010.

Lettres du Père de Foucauld au Duc de Fitz-James. *CCF* n. 27 (1952), p. 11-25.

XXV Lettres inédits du Père de Foucauld (M. Caron ed.). Paris: Bonne Presse, 1948.